Qiche Weixiu Congye Renyuan
Anquan Shengchan Zhinan

汽车维修从业人员安全生产指南

交 通 运 输 部 运 输 司　审　定
人民交通出版社股份有限公司　组织编写

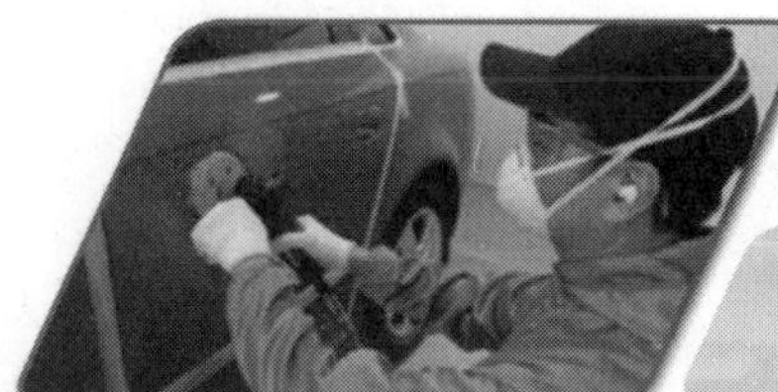

人民交通出版社股份有限公司
China Communications Press Co.,Ltd.

内 容 提 要

本书从法制建设的高度，系统地介绍了我国的安全生产方针及与汽车维修紧密相关的安全生产法律法规；从实际运用的角度，整体介绍了汽车维修从业人员在安全防护、维修设施安全、维修设备使用安全、维修工具使用安全等方面应知的安全防护知识和操作注意事项。

本书可供汽车维修行业管理人员和从业人员学习使用，也可作为汽车维修企业安全生产管理的培训教材。

图书在版编目(CIP)数据

汽车维修从业人员安全生产指南 / 人民交通出版社股份有限公司组织编写. -- 北京 : 人民交通出版社股份有限公司, 2014.9

ISBN 978-7-114-11697-1

Ⅰ.①汽… Ⅱ.①人… Ⅲ.①汽车-修理厂-安全生产-指南 Ⅳ.①U472.31-62

中国版本图书馆 CIP 数据核字(2014)第 209446 号

书　　名：汽车维修从业人员安全生产指南
著 作 者：人民交通出版社股份有限公司
责任编辑：戴广超
出版发行：人民交通出版社股份有限公司
地　　址：(100011)北京市朝阳区安定门外外馆斜街 3 号
网　　址：http://www.ccpress.com.cn
销售电话：(010)59757973
总 经 销：人民交通出版社股份有限公司发行部
经　　销：各地新华书店
印　　刷：北京鑫正大印刷有限公司
开　　本：720×960　1/16
印　　张：15.75
字　　数：199 千
版　　次：2014 年 9 月　第 1 版
印　　次：2014 年 9 月　第 1 次印刷
书　　号：ISBN 978-7-114-11697-1
定　　价：48.00 元

审定组

Shendingzu

孟　秋　康文仲　谢家举　俞卫江　陈　英
吴东风　陈文兰　卢汉成　刘　莉　钟　斌
李云飞　于开成　石妍梅　曹　磊　孟文戟

编写组

Bianxiezu

组织编写单位： 人民交通出版社股份有限公司

协助编写单位： 中国汽车保修设备行业协会
广州市机动车维修行业协会
沈阳市机动车维修配件管理处
辽宁交通高等专科学校

成　　　员： 佟濬洲　刘建农　白　峭　黄朝启　张立新
郭大民　曲昌辉　宋孟辉　马选刚

前言

Qianyan

现代汽车维修企业不仅为道路运输提供支持与保障，而且是民生服务业的重要组成部分。特别是随着我国汽车市场规模急剧扩大，民用汽车保有量迅猛增加，许多城市逐步迈进汽车社会，私人汽车快速进入家庭，汽车维修业蓬勃发展，正在成长为国民经济的朝阳产业之一。全国现有机动车维修业户 48 万户，年维修车辆达 3.4 亿辆次。汽车维修与人们生活的联系越来越密切，直接影响到人们的汽车生活品质。

汽车维修企业安全生产是指在整个汽车维修服务活动中，保障人身安全、设施设备安全和车辆安全的全部活动。人身安全是指消除危害人身安全健康的一切不良因素，保证作业人员在安全的环境中开展工作；设施设备安全和车辆安全是指消除设施设备、在修车辆和其他相关财产的各种危险因素，保障维修生产活动正常进行。由此可见，汽车维修安全生产，不仅涉及人身安全，而且涉及财产安全；不仅关乎经营者安全，而且关乎从业人员安全；不仅局限于企业内部安全，而且影响到客户乃至社会安全。汽车维修通常是多工种联合作业，生产环境复杂，安全管理点多面广，设备工具种类繁多，且数量较大，从业人员素质偏低，加之接触易燃易爆物品，特别是伴随经济发展和社会进步，汽车车型种类日益繁多，更新换代速度加快，技术含量直线上扬，复杂程度逐步攀升，维修服务链条不断延伸，维修设备持续进步，社会要求愈发严格，客户期待越来越高，这一切给汽车维修安全生产带来了空前的机遇和挑战。

交通运输主管部门历来高度重视安全生产工作，为认真贯彻国务院关于加强安全工作的指示精神，针对汽车维修企业的安全管理实际，21世纪初，组织编写了《汽车维修从业人员安全知识培训教材》（以下简称《教材》），对于在行业内开展安全生产培训，组织汽车维修行业管理人员及从业人员学习安全生产知识，提高从业人员安全责任意识与解决问题能力，发挥了积极作用。随着我国经济持续高速增长，社会法制环境正在发生可喜变化，新的法律法规不断涌现，一批批标准规范层出不穷，原有的文献几乎全部被修改或修订，行业内外出现了许多新事务、新情况，吁请出台一本更加符合时代要求的汽车维修业从业人员安全生产指南的呼声越来越高。交通运输主管部门再次顺势而动，认真总结分析《教材》的使用经验，指导编写了《汽车维修从业人员安全生产指南》）（以下简称《指南》）一书。

当代的安全生产是一个系统工程，业界有识之士已经不再仅仅满足于"不发生事故不死人"的低层次目标，而是着眼于不断研究解决安全生产的深层次问题，把安全寓于生产、管理和科技进步之中，着力克服体制机制的弊端，注重源头治理，向本质安全的方向迈进。《指南》立足于满足读者新要求、新期待，对汽车维修安全生产相关的法规、制度、个人防护、操作规程等内容全部进行了梳理和更新。《指南》从法制建设的高度，系统地介绍了我国的安全生产方针，以及与汽车维修紧密联系的安全生产有关法律法规，强调重视人的生命，树立以人为本、安全发展的理念，必须强化和落实企业的安全生产主体责任；从行业实际运用的角度，整体介绍了安全生产相关管理制度，并附案例，为企业安全生产标准化建设提供参考；从职业健康与劳动安全出发，关注重点岗位的职业病预防，重点介绍了从业人员安全防护；从服务于企业与从业人员出发，图文并茂地介绍了汽车维修设施安全和设备、工具使用安全，便于应用。

《指南》归纳了汽车维修安全生产相关知识，总结了汽车维修从业人员应知的安全防护知识和安全操作注意事项，充分显现出系统性、可读性、资料性的特点，可供汽车维修管理人员和从业人员学习使用，也可作为汽车维修企业安全生产培训教材使用，对于汽车维修业在新的历史时期，筑牢安全基石，实现转型发展大有裨益。《指南》收集了经济发达地区先进企业的安全生产管理制度与操作规程的案例，原原本本地附录在后，旨在引导广大企业加强制度建设。维修企业应根据自身的业务种类、经营规模、组织体系、管理模式的实际，制定行之有效的管理制度，而不可照搬照抄。

《指南》由人民交通出版社股份有限公司组织编写，得到中国汽车保修设备行业协会的有力帮助，广州市机动车维修行业协会、沈阳市机动车维修配件管理处、辽宁交通高等专科学校和北京祥龙博瑞汽车服务(集团)有限公司、杭州长运运输集团有限公司、沈阳业乔新业汽车销售服务有限公司、辽宁之星汽车维修服务有限公司在编写过程中也给予大力支持，在此一并表示感谢。

人民交通出版社股份有限公司

2014 年 8 月 22 日

目 录

Mulu

第一章　安全生产法律法规文件

安全生产工作的最基本任务之一是进行法制建设。以法律、法规文件来规范企业经营者与政府之间、劳动者与经营者之间、劳动者与劳动者之间、生产过程与自然界之间的关系。把国家保护劳动者的生命安全与健康，生产经营人员的生产利益与效益，以及保障社会资源和财产的需要、方针、政策具体化、条文化。通过制定法律、法规，建立起一套完整的、符合我国国情的、具有普遍约束力的安全生产法律规范。做到企业的生产经营行为和过程有法可依、有章可循。目前，我国的安全生产法规已初步形成一个以宪法为依据的、由有关法律、行政法规、地方性法规和有关行政规章、技术标准所组成的综合体系。由于制定和发布这些法规的国家机关不同，其形式和效力也不同。这是一个多层次的、依次补充和相互协调的立法体系。

第一节　安全生产方针

方针是国家或政党在一定历史时期内，为达到事业前进的方向和一定目标而确定的指导原则。安全生产方针是政府对安全生产工作总的要求。根据历史资料，可以看出我国安全生产工作不同时期的目标和工作原则。我国安全生产方针经历了“生产必须安全、安全为了生产”；“安全第一，预防为主”；“安全第一，预防为主，综合治理”三个阶段。我国当前的安全生产方针是“安全第一、预防为主、综合治理”。

安全第一的含义。发展是第一要务，生产经营单位作为市场主体，追求利润最大化理所当然。安全第一要说明的是安全与生产、效益及其他活动的关系，强调在从事生产经营活动中要突出抓好安全，始终不忘把安全工作与其他经济活动同时安排、同时部署，当安全工作与其他活动发生冲突与矛盾时，其他活动要服从安全，绝不能以牺牲人的生命、健康、财产损失为代价换取发展和效益。

预防为主的含义。预防为主是对安全第一思想的深化，从安全生产管理这门学科发展的历程看，我们经历了事后控制到事前预防的发展过程，也就是我们经常讲的关口前移，重心下移。含义是立足基层，建立起预教、预测、预报、预警等预防体系，以隐患排查治理和建设本质安全为目标，实现事故的预先防范体制。

综合治理的含义。随着社会经济的快速发展，生产经营活动面临的情况错综复杂，稍有疏忽就会酿成事故，且事故带来的破坏性越来越大。将“综合治理”纳入安全生产方针，标志着对安全生产的认识上升到一个新的高度，是贯彻落实科学发展观的具体体现，秉承“安全发展”的理念，从遵循和适应安全生产的规律出发，综合运用法律、经济、行政等手段，人管、法管、技防等多管齐下，并充分发挥社会、职工、舆论的监督作用，从责任、制度、培训等多方面着力，形成标本兼治、齐抓共管的格局。

“安全第一、预防为主、综合治理”作为安全生产工作的指导方针，是一个相辅相成、辩证统一的整体。三者之间的关系为安全第一是原则，预防为主是手段，综合治理是方法。安全第一是预防为主、综合治理的统帅和灵魂，没有安全第一的思想，预防为主就失去了思想支撑，综合治理就失去了整治依据。预防为主是实现安全第一的根本途径。只有把安全生产的重点放在建立事故预防体系上，超前采取措施，才能有效防止和减少事故。只有采取综合治理，才能实现人、机、物、环境的统一，实现本质安全，真正把安全第一、预防为主落到实处。

将“综合治理”充实到安全生产方针当中，始于2005年10月中国共产党第十六届中央委员会第五次全体会议通过的《中共中央关于制定十一五规划的建议》（简称《建议》）。《建议》指出：“保障人民群众生命财产安全。坚持安全第一、预防为主、综合治理，落实安全生产责任制，强化企业安全生产责任，健全安全生产监管体制，严格安全执法，加强安全生产设施建设。”

把“综合治理”加入到安全生产方针之中，反映了近年来我国在进一步改革开放过程中，安全生产工作面临着多种经济所有制并存，而法制尚不健全完善、体制机制尚未理顺，以及急功近利的只顾快速不顾其他的发展观与科学发展观体现的又好又快的安全、环境、质量等要求的复杂局面；充分反映了近年来安全生产工作的规律特点。所以要全面理解“安全第一、预防为主、综合治理”的安全生产方针，绝不可脱离当前我国面临的国情。

贯彻党的安全生产方针，需要我们认真学习领会和全面贯彻落实党中央、国务院关于加强安全生产工作的一系列指示精神和决策部署，以学习实践科学发展观活动为动力，坚持以人为本，坚持安全发展，坚持“安全第一、预防为主、综合治理”的方针，坚持近期与长远、治标与治本、预防与查处相结合，以有效防范、坚决遏制重特大事故为目标，从发展规划、行业管理、安全投入、科技进步、经济政策、教育培训、安全立法、激励约束、企业管理、监管体制、社会监督以及追究事故责任、查处违法违纪等方面着手，建立安全生产长效机制。

第二节　安全生产有关法律

在我国现代化建设过程中，安全生产法规以法律形式，协调人与人之间、人与自然之间的关系，维护生产的正常秩序，为劳动者提供安全、健康的劳动条件和工作环境，为生产经营者提供可行、安全可靠的生产技术和条件，从而产生间接生产力作用，促进国家现代化建设的顺利进行。

目前，我国初步形成具有中国特色的安全生产法律体系，已颁布的涉及安全生产的重要法律大致可以分为三类——基本法律是《中华人民共和国安全生产法》，专项法律有《中华人民共和国海上交通安全法》、《中华人民共和国矿山安全法》、《中华人民共和国消防法》、《中华人民共和国道路交通安全法》，相关法律有《刑法》、《煤炭法》、《中华人民共和国劳动法》、《中华人民共和国劳动合同法》、《中华人民共和国建筑法》、《中华人民共和国行政许可法》、《中华人民共和国行政诉讼法》、《中华人民共和国突发事件应对法》、《中华人民共和国职业病防治法》。其中以法的形式出现，与汽车维修业安全生产紧密相关，对劳动保护具有十分重要作用的现行法律见表1-1。

与汽车维修安全生产紧密相关的法律　　表1-1

法律名称	主席令编号	公布日期	施行日期
中华人民共和国安全生产法	第70号	2002年6月29日	2002年11月1日
中华人民共和国劳动法	第28号	1994年7月5日	1995年1月1日
中华人民共和国职业病防治法	第52号	2011年12月31日	2011年12月31日
中华人民共和国消防法	第6号	2008年10月28日	2009年5月1日

一、《中华人民共和国安全生产法》

安全生产在社会经济生活中具有重要的地位，一是直接关系广大从业人员的生命和健康；二是直接关系国家、生产经营单位以及个人的财产安全；三是直接关系生产经营能否继续进行，经济能否顺利发展；四是直接关系人民的安居乐业和社会稳定。大量的事实证明，保证安全生产，就是有力地保障人民生命健康和国家、集体、个人财产的安全，就是促进经济正常发展，有利于社会稳定。反之，如果安全生产得不到保证，就会给国家、给社会、给劳动者、给个人造成惨重的损失。正是由于安全生产的这种重要性，因此，必须加强安全生产国家立法，采用国家管理中最强有力的、最有权威的手段来保障安全生产。

《中华人民共和国安全生产法》（以下简称《安全生产法》）由中华人民共和国第九届全国人民代表大会常务委员会第二十八次会议于2002年6月29日通过，以中华人民共和国主席令第70号公布，自2002年11月1日起施行。《安全生产法》包括总则、生产经营单位的安全生产保障、从业人员的权利和义务、安全生产的监督管理、生产安全事故的应急救援与调查处理、法律责任、附则，共七章九十七条。

1. 总则

《安全生产法》第一章对立法目的、适用范围、安监部门和生产经营单位安全生产的职责和义务等作出了规定。

（1）第五条规定了企业主要负责人的安全生产责任。原文为“生产经营单位的主要负责人对本单位的安全生产工作全面负责。”

（2）第六条规定了从业人员的安全生产权利和义务。原文为“生产经营单位的从业人员有依法获得安全生产保障的权利，并应当依法履行安全生产方面的义务。”

（3）第十三条规定了安全生产事故责任追究制度。原文为“国家实行生产安全事故责任追究制度，依照本法和有关法律、法规的规定，追究生产安全事故责任人员的法律责任。”

2. 生产经营单位的安全生产保障

《安全生产法》在第二章对企业的安全生产保障提出了要求。

（1）第十六条规定了企业的安全生产条件。原文为“生产经营单位应当具备本法和有关法律、行政法规和国家标准或者行业标准规定的安全生产条件；不具备安全生产条件的，不得从事生产经营活动。”我国的机动车维修经营由交通运输行政主管部门进行分类许可管理，各类维修企业开业需满足《汽车维修开业条件》

（GB/T 16739—2004）所规定的人员、设备等条件，也要满足安全生产的相应要求。

（2）第十七条规定了企业主要负责人的安全生产职责。原文为“生产经营单位的主要负责人对本单位安全生产工作负有下列职责：

（一）建立、健全本单位安全生产责任制；

（二）组织制定本单位安全生产规章制度和操作规程；

（三）保证本单位安全生产投入的有效实施；

（四）督促、检查本单位的安全生产工作，及时消除生产安全事故隐患；

（五）组织制定并实施本单位的生产安全事故应急救援预案；

（六）及时、如实报告生产安全事故。”

（3）第二十条规定了企业主要负责人和安全生产管理人员的安全生产知识和管理能力要求。原文为“生产经营单位的主要负责人和安全生产管理人员必须具备与本单位所从事的生产经营活动相应的安全生产知识和管理能力。”

（4）第二十一条规定了企业对从业人员进行安全生产教育和培训的要求。原文为“生产经营单位应当对从业人员进行安全生产教育和培训，保证从业人员具备必要的安全生产知识，熟悉有关的安全生产规章制度和安全操作规程，掌握本岗位的安全操作技能。未经安全生产教育和培训合格的从业人员，不得上岗作业。”

（5）第二十二条规定了企业采用新工艺、新技术、新材料或者使用新设备时的安全要求。原文为“生产经营单位采用新工艺、新技术、新材料或者使用新设备，必须了解、掌握其安全技术特性，采取有效的安全防护措施，并对从业人员进行专门的安全生产教育和培训。”

（6）第二十三条规定生产经营单位特种作业人员的从业资格。原文为“生产经营单位的特种作业人员必须按照国家有关规定经专门的安全作业培训，取得特种作业操作资格证书，方可上岗作业。”

（7）第二十八条规定了企业安全警示标志设置。原文为“生产经营单位应当在有较大危险因素的生产经营场所和有关设施、设备上，设置明显的安全警示标志。”

（8）第三十二条规定了企业危险物品以及废弃危险物品的管理。原文为“生产经营单位生产、经营、运输、储存、使用危险物品或者处置废弃危险物品，必须执行有关法律、法规和国家标准或者行业标准，建立专门的安全管理制度，采取可靠的安全措施，接受有关主管部门依法实施的监督管理。”

（9）第三十四条规定了生产经营场所和员工宿舍的安全管理。原文为“生产经营场所和员工宿舍应当设有符合紧急疏散要求、标志明显、保持畅通的出口。禁止封闭、堵塞生产经营场所或者员工宿舍的出口。”

（10）第三十六条规定企业应督促从业人员对安全生产制度和规程的执行。原文为“生产经营单位应当教育和督促从业人员严格执行本单位的安全生产规章制度和安全操作规程；并向从业人员如实告知作业场所和工作岗位存在的危险因素、防范措施以及事故应急措施。”

（11）第三十七条规定企业应为从业人员提供劳动防护用品。原文为“生产经营单位必须为从业人员提供符合国家标准或者行业标准的劳动防护用品，并监督、教育从业人员按照使用规则佩戴、使用。”

（12）第三十八条规定了企业的安全检查及处理。原文为“生产经营单位的安全生产管理人员应当根据本单位的生产经营特点，对安全生产状况进行经常性检查；对检查中发现的安全问题，应当立即处理；不能处理的，应当及时报告本单位有关负责人。检查及处理情况应当记录在案。”

（13）第四十二条规定了企业主要负责人发生重大生产安全事故时的职责。原文为“生产经营单位发生重大生产安全事故时，单位的主要负责人应当立即组织抢救，并不得在事故调查处理期间擅离职守。”

（14）第四十三条规定企业应参加工伤社会保险。原文为“生产经营单位必须依法参加工伤社会保险，为从业人员缴纳保险费。”

3. 从业人员的权利和义务

《安全生产法》第三章界定了从业人员的权利和义务。

（1）第四十四条规定了企业与从业人员订立的合同中劳动安全的相应事项。原文为“生产经营单位与从业人员订立的劳动合同，应当载明有关保障从业人员劳动安全、防止职业危害的事项，以及依法为从业人员办理工伤社会保险的事项。生产经营单位不得以任何形式与从业人员订立协议，免除或者减轻其对从业人员因生产安全事故伤亡依法应承担的责任。”

（2）第四十五条规定了从业人员的知情权和建议权。原文为“生产经营单位的从业人员有权了解其作业场所和工作岗位存在的危险因素、防范措施及事故应急措施，有权对本单位的安全生产工作提出建议。”

（3）第四十六条规定了从业人员的批评监督权和安全保障权。原文为“从业人员有权对本单位安全生产工作中存在的问题提出批评、检举、控告；有权拒绝违章指挥和强令冒险作业。”“生产经营单位不得因从业人员对本单位安全生产工作提出批评、检举、控告或者拒绝违章指挥、强令冒险作业而降低其工资、福利等待遇或者解除与其订立的劳动合同。”

（4）第四十七条规定了从业人员的紧急撤离权。原文为“从业人员发现直接危及人身安全的紧急情况时，有权停止作业或者在采取可能的应急措施后撤离作业场所。”“生产经营单位不得因从业人员在前款紧急情况下停止作业或者采取紧急撤离措施而降低其工资、福利等待遇或者解除与其订立的劳动合同。”

（5）第四十八条规定了从业人员的求偿权。原文为“因生产安全事故受到损害的从业人员，除依法享有工伤社会保险外，依照有关民事法律尚有获得赔偿的权利的，有权向本单位提出赔偿要求。”

（6）第四十九条规定了从业人员遵章守制、服从管理、正确佩戴和使用劳动防护用品的义务。原文为“从业人员在作业过程中，应当严格遵守本单位的安全生产规章制度和操作规程，服从管理，正确佩戴和使用劳动防护用品。”

（7）第五十条规定了从业人员接受安全生产教育和培训的义务。原文为“从业人员应当接受安全生产教育和培训，掌握本职工作所需的安全生产知识，提高安全生产技能，增强事故预防和应急处理能力。”

（8）第五十一条规定了从业人员对事故隐患或者不安全因素的报告义务。原文为“从业人员发现事故隐患或者其他不安全因素，应当立即向现场安全生产管理人员或者本单位负责人报告；接到报告的人员应当及时予以处理。”

4. 法律责任

《安全生产法》第六章明确了生产经营单位和安监部门的法律责任。

（1）第八十一条规定了企业主要负责人不履行安全生产管理职责的法律责任。原文为“生产经营单位的主要负责人未履行本法规定的安全生产管理职责的，责令限期改正；逾期未改正的，责令生产经营单位停产停业整顿。生产经营单位的主要负责人有前款违法行为，导致发生生产安全事故，构成犯罪的，依照刑法有关规定追究刑事责任；尚不够刑事处罚的，给予撤职处分或者处二万元以上二十万元以下的罚款。生产经营单位的主要负责人依照前款规定受刑事处罚或者撤职处分的，自刑罚执行完毕或者受处分之日起，五年内不得担任任何生产经营单位的主要负责人。”

（2）第八十二条规定了企业的安全生产管理责任。原文为“生产经营单位有下列行为之一的，责令限期改正；逾期未改正的，责令停产停业整顿，可以并处二万元以下的罚款：

（一）未按照规定设立安全生产管理机构或者配备安全生产管理人员的；

（二）危险物品的生产、经营、储存单位以及矿山、建筑施工单位的主要负责人和安全生产管理人员未按照规定经考核合格的；

（三）未按照本法第二十一条、第二十二条的规定对从业人员进行安全生产教育和培训，或者未按照本法第三十六条的规定如实告知从业人员有关的安全生产事项的；

（四）特种作业人员未按照规定经专门的安全作业培训并取得特种作业操作资格证书，上岗作业的。”

（3）第八十三条规定了九项违法行为的法律责任（第六项、七项与汽车维修安全生产相关），原文为“生产经营单位有下列行为之一的，责令限期改正；逾期未改正的，责令停止建设或者停产停业整顿，可以并处五万元以下的罚款；造成严重后果，构成犯罪的，依照刑法有关规定追究刑事责任：

（六）未对安全设备进行经常性维护、保养和定期检测的；

（七）未为从业人员提供符合国家标准或者行业标准的劳动防护用品的。”

（4）第九十条规定了从业人员的法律责任，原文为“生产经营单位的从业人员不服从管理，违反安全生产规章制度或者操作规程的，由生产经营单位给予批评教育，依照有关规章制度给予处分；造成重大事故，构成犯罪的，依照刑法有关规定追究刑事责任。”

此外，附则给出了主要用语的含义。原文为“危险物品是指易燃易爆物品、危险化学品、放射性物品等能够危及人身安全和财产安全的物品。重大危险源是指长期地或者临时地生产、搬运、使用或者储存危险物品，且危险物品的数量等于或者超过临界量的单元（包括场所和设施）。”

二、《中华人民共和国劳动法》

为了保护劳动者的合法权益，调整劳动关系，建立和维护适应社会主义市场经济的劳动制度，促进经济发展和社会进步，根据宪法，国家制定了《中华人民共和国劳动法》（以下简称《劳动法》）。由中华人民共和国第八届全国人民代表大会常务委员会第八次会议于1994年7月5日通过，以中华人民共和国主席令第28号公布，自1995年1月1日起施行。

《劳动法》包括总则、促进就业、劳动合同和集体合同、工作时间和休息休假、工资、劳动安全卫生、女职工和未成年工特殊保护、职业培训、社会保险和福利、劳动争议、监督检查、法律责任、附则，共十三章一百零七条。第六章劳动安全卫生对安全生产作出了如下规定。

第五十二条“用人单位必须建立、健全劳动安全卫生制度，严格执行国家劳动安全卫生规程和标准，对劳动者进行劳动安全卫生教育，防止劳动过程中的事故，减少职业危害。”

第五十三条“劳动安全卫生设施必须符合国家规定的标准。”

第五十四条“用人单位必须为劳动者提供符合国家规定的劳动安全卫生条件和必要的劳动防护用品，对从事有职业危害作业的劳动者应当定期进行健康检查。”

第五十五条“从事特种作业的劳动者必须经过专门培训并取得特种作业资格。”

第五十六条“劳动者在劳动过程中必须严格遵守安全操作规程。”“劳动者对用人单位管理人员违章指挥、强令冒险作业，有权拒绝执行；对危害生命安全和身体健康的行为，有权提出批评、检举和控告。”

第五十七条“国家建立伤亡事故和职业病统计报告和处理制度。”

三、《中华人民共和国职业病防治法》

提到安全生产，很多人首先想到的就是火灾、爆炸等恶性事故，然而安全生产中还有一个重要环节不能忽视，那就是在生产一线的工人的安全健康。目前，无论从职业病患者累积数量、死亡数量和新发现病人的绝对数量方面来讲，都需要引起人们强烈的关注。

为了预防、控制和消除职业病危害，保护劳动者健康及其相关权益，促进经济社会发展，根据宪法，国家制定了《中华人民共和国职业病防治法》（以下简称《职业病防治法》），并于2001年10月27日第九届全国人民代表大会常务委员会第二十四次会议通过。2011年12月31日第十一届全国人民代表大会常务委员会第二十四次会议通过《关于修改〈中华人民共和国职业病防治法〉的决定》，由中华人民共和国主席令第52号公布，自公布之日起施行。《职业病防治法》分为总则、前期预防、劳动过程中的防护与管理、职业病诊断与职业病病人保障、监督检查、法律责任、附则，共七章九十条。

1. 总则

《职业病防治法》第一章对立法目的，适用范围，工作方针，劳动者的权利，用人单位的职责等作出了规定。

（1）第二条给出了职业病的定义。原文为“本法所称职业病，是指企业、事业单位和个体经济组织等用人单位的劳动者在职业活动中，因接触粉尘、放射性物质和其他有毒、有害因素而引起的疾病。”

（2）第三条确立了职业病防治方针。原文为“职业病防治工作坚持预防为主、防治结合的方针，建立用人单位负责、行政机关监管、行业自律、职工参与和社会监督的机制，实行分类管理、综合治理。”

（3）第四条规定了劳动者依法享有的权利和用人单位应当采取的保护措施。原文为“劳动者依法享有职业卫生保护的权利。”“用人单位应当为劳动者创造符合国家职业卫生标准和卫生要求的工作环境和条件，并采取措施保障劳动者获得职业卫生保护。”

（4）第六条规定了用人单位主要负责人的责任。原文为“用人单位的主要负责人对本单位的职业病防治工作全面负责。”

（5）第七条规定了用人单位依法参加工伤保险。原文为“用人单位必须依法参加工伤保险。”

（6）第八条提出了国家关于职业病防治的技术政策措施。原文为“国家鼓励和支持研制、开发、推广、应用有利于职业病防治和保护劳动者健康的新技术、新工艺、新设备、新材料，加强对职业病的机理和发生规律的基础研究，提高职业病防治科学技术水平；积极采用有效的职业病防治技术、工艺、设备、材料；限制使用或者淘汰职业病危害严重的技术、工艺、设备、材料。”

2. 前期预防

《职业病防治法》第二章围绕职业病前期预防作出了规定。

（1）第十四条规定了用人单位依法做好职业病防治工作总要求。原文为“用人单位应当依照法律、法规要求，严格遵守国家职业卫生标准，落实职业病预防措施，从源头上控制和消除职业病危害。”

（2）第十五条规定了产生职业病危害的用人单位的设立条件。原文为“产生职业病危害的用人单位的设立除应当符合法律、行政法规规定的设立条件外，其工作场所还应当符合下列职业卫生要求：

（一）职业病危害因素的强度或者浓度符合国家职业卫生标准；

（二）有与职业病危害防护相适应的设施；

（三）生产布局合理，符合有害与无害作业分开的原则；

（四）有配套的更衣间、洗浴间、孕妇休息间等卫生设施；

（五）设备、工具、用具等设施符合保护劳动者生理、心理健康的要求；

（六）法律、行政法规和国务院卫生行政部门、安全生产监督管理部门关于保护劳动者健康的其他要求。

从《职业病危害因素分类目录》来看，汽车维修从业人员与职业病危害因素有着不同程度的接触，如电焊烟尘、汽油、苯等，应当做好预防工作。

3. 劳动过程中的防护与管理

《职业病防治法》第三章针对劳动过程中的职业病防护与管理作出规定。

（1）第二十三条规定了防护用品要求。原文为“用人单位为劳动者个人提供的职业病防护用品必须符合防治职业病的要求；不符合要求的，不得使用。”

（2）第二十四条规定了技术、工艺、设备、材料方面的要求。原文为“用人单位应当优先采用有利于防治职业病和保护劳动者健康的新技术、新工艺、新设备、新材料，逐步替代职业病危害严重的技术、工艺、设备、材料。”

（3）第三十四条规定了劳动合同的有关事项。原文为“用人单位与劳动者订立劳动合同（含聘用合同，下同）时，应当将工作过程中可能产生的职业病危害及其后果、职业病防护措施和待遇等如实告知劳动者，并在劳动合同中写明，不得隐瞒或者欺骗。

劳动者在已订立劳动合同期间因工作岗位或者工作内容变更，从事与所订立劳动合同中未告知的存在职业病危害的作业时，用人单位应当依照前款规定，向劳动者履行如实告知的义务，并协商变更原劳动合同相关条款。

用人单位违反前两款规定的，劳动者有权拒绝从事存在职业病危害的作业，用人单位不得因此解除与劳动者所订立的劳动合同。”

（4）第三十六条规定了职业健康检查。原文为“对从事接触职业病危害的作业的劳动者，用人单位应当按照国务院安全生产监督管理部门、卫生行政部门的规定组织上岗前、在岗期间和离岗时的职业健康检查，并将检查结果书面告知劳动者。职业健康检查费用由用人单位承担。

用人单位不得安排未经上岗前职业健康检查的劳动者从事接触职业病危害的作业；不得安排有职业禁忌的劳动者从事其所禁忌的作业；对在职业健康检查中发现有与所从事的职业相关的健康损害的劳动者，应当调离原工作岗位，并妥善安置；对未进行离岗前职业健康检查的劳动者不得解除或者终止与其订立的劳动合同。”

四、《中华人民共和国消防法》

为了预防火灾和减少火灾危害，加强应急救援工作，保护人身、财产安全，维护公共安全，我国制定《中华人民共和国消防法》（以下简称《消防法》），并于1998年4月29日第九届全国人民代表大会常务委员会第二次会议通过，经2008年10月28日第十一届全国人民代表大会常务委员会第五次会议修订通过，由中华人民共和国主席令第6号公布，自2009年5月1日起施行。《消防法》分为总则、火灾预防、消防组织、灭火救援、监督检查、法律责任、附则，共七章七十四条。

1. 总则

《消防法》第一章对立法目的，适用范围，工作方针和单位、个人的消防义务等方面作出了规定。

（1）第二条确立了消防工作的方针。原文为“消防工作贯彻预防为主、防消结合的方针，按照政府统一领导、部门依法监管、单位全面负责、公民积极参与的原则，实行消防安全责任制，建立健全社会化的消防工作网络。”

消防工作中的“预防为主”，是指首先做好防止火灾发生的工作，即健全消防法制和规章制度，提高全民的消防安全意识，强化火灾预防措施，注意消除火灾隐患，提高全社会的抗御火灾的能力。“防消结合”是指在贯彻“预防为主”的同时要强化灭火措施，发展、培训消防队伍，提高救火能力。在消防工作中，既要注意灭火，又要注意防火，消和防要紧密结合，二者不可偏废。

（2）第五条规定了单位、个人的消防义务。原文为“任何单位和个人都有维护消防安全、保护消防设施、预防火灾、报告火警的义务。任何单位和成年人都有参加有组织的灭火工作的义务。”

消防义务包括两个方面，一是维护消防安全、保护消防设施、预防火灾、报告火警；二是有组织的灭火活动，被组织的任何单位和成年公民都应当参加，这是法律义务。

（3）第六条规定了单位的消防宣传教育要求。原文为“机关、团体、企业、事业等单位，应当加强对本单位人员的消防宣传教育。”

2. 火灾预防

《消防法》第二章在消防设计，动用明火、消防产品、消防职责及消防管理等方面作出了规定。

（1）第十六条规定了单位的消防安全职责。原文为“机关、团体、企业、事业等单位应当履行下列消防安全职责：

（一）落实消防安全责任制，制定本单位的消防安全制度、消防安全操作规程，制定灭火和应急疏散预案；

（二）按照国家标准、行业标准配置消防设施、器材，设置消防安全标志，并定期组织检验、维修，确保完好有效；

（三）对建筑消防设施每年至少进行一次全面检测，确保完好有效，检测记录应当完整准确，存档备查；

（四）保障疏散通道、安全出口、消防车通道畅通，保证防火防烟分区、防火间距符合消防技术标准；

（五）组织防火检查，及时消除火灾隐患；

（六）组织进行有针对性的消防演练；

单位的主要负责人是本单位的消防安全责任人。”

这是关于机关、团体、企业、事业单位应当履行的消防安全职责的规定。包含两层意思，一是关于机关、团体、企业、事业单位应当履行哪些具体消防安全职责的规定；二是明确了单位的主要负责人的消防安全主体责任。

（2）第十九条规定了易燃易爆危险品的场所与居住场所的位置关系。原文为“生产、储存、经营易燃易爆危险品的场所不得与居住场所设置在同一建筑物内，并应当与居住场所保持安全距离。”

（3）第二十一条规定了禁用明火的场所及进行危险作业的从业人员的要求。原文为“禁止在具有火灾、爆炸危险的场所吸烟、使用明火。进行电焊、气焊等具有火灾危险作业的人员和自动消防系统的操作人员，必须持证上岗，并遵守消防安全操作规程。”

（4）第二十四条规定了消防产品的要求。原文为“禁止生产、销售或者使用不合格的消防产品以及国家明令淘汰的消防产品。”

（5）第二十八条规定了消防设施的要求。原文为“任何单位、个人不得损坏、挪用或者擅自拆除、停用消防设施、器材，不得埋压、圈占、遮挡消火栓或者占用防火间距，不得占用、堵塞、封闭疏散通道、安全出口、消防车通道。”

第三节　安全生产有关法规

在现行的安全生产法规体系中，行政法规具有重要地位，是仅次于法律的重要立法层次，是对安全生产管理和生产专业技术问题作出的实施性或补充性的规定。据安全生产监管部门统计，由国务院制定和发布的有关安全生产的行政法规有30部，此外还有大量的地方性法规。从行政法规的具体内容来看，大体是有关行政管理的原则、行政管理主体及其职责与任务、行政程序、行政处理（如行政许可、行政给付、行政确认、行政裁决、行政征收、行政强制、行政处罚与奖励等）以及行政救济。多年来的实践表明，大量行政法规的制定和实施，对实施安全生产相关法律，推进安全生产工作的细化实施，维护社会稳定，发挥了重要的规范、引导和保障作用。与汽车维修安全生产紧密相关的现行行政法规见表1-2。

与汽车维修安全生产紧密相关的现行行政法规　　表1-2

法规名称	国务院令编号	公布日期	施行日期
生产安全事故报告和调查处理条例	第493号	2007年3月28日	2007年6月1日
国务院关于特大安全事故行政责任追究的规定	第302号	2001年4月21日	2001年4月21日
特种设备安全监察条例	第549号	2009年1月24日	2009年5月1日
中华人民共和国道路运输条例	第406号	2004年4月30日	2004年7月1日
使用有毒物品作业场所劳动保护条例	第352号	2002年5月12日	2002年5月12日
劳动保障监察条例	第423号	2004年11月1日	2004年12月1日

一、《生产安全事故报告和调查处理条例》

生产安全事故的报告和调查处理，是安全生产工作的重要环节。国务院1989年公布施行的《特别重大事故调查程序暂行规定》和1991年公布施行的《企业职工伤亡事故报告和调查处理规定》，对规范事故报告和调查处理发挥了重要作用。但是，随着市场经济的发展，安全生产领域出现了一些新情况、新问题。比如，生产经营单位的所有制形式由过去公有制为主发展为多种所有制形式并存，特别是非公有制单位在数量上占据多数，使得生产经营单位的组织形式和管理机制更加多样化，危险化学品、建筑施工、道路交通等行业或者领域在快速发展的同时，安全生产面临着严峻的形势。

为适应安全生产的新形势、新情况规范事故报告和调查处理工作，落实事故责任追究制度，维护事故受害人的合法权益和社会稳定，预防和减少事故发生，根据《安全生产法》和有关法律，国务院制定了《生产安全事故报告和调查处理条例》，经2007年3月28日国务院第172次常务会议通过，国务院总理颁布第493号令，自2007年6月1日起施行。《生产安全事故报告和调查处理条例》分为总则、事故报告、事故调查、事故处理、法律责任、附则，共六章四十六条。

《生产安全事故报告和调查处理条例》第一章对适用范围，事故等级划分等作出了规定。

1．总则

（1）第二条规定了本条例的适用范围，原文为“生产经营活动中发生的造成人身伤亡或者直接经济损失的生产安全事故的报告和调查处理，适用本条例。”

（2）第三条明确了生产安全事故的等级划分，原文为“根据生产安全事故（以下简称事故）造成的人员伤亡或者直接经济损失，事故一般分为以下等级：

（一）特别重大事故，是指造成30人以上死亡，或者100人以上重伤（包括急性工业中毒，下同），或者1亿元以上直接经济损失的事故；

（二）重大事故，是指造成10人以上30人以下死亡，或者50人以上100人以下重伤，或者5000万元以上1亿元以下直接经济损失的事故；

（三）较大事故，是指造成3人以上10人以下死亡，或者10人以上50人以下重伤，或者1000万元以上5000万元以下直接经济损失的事故；

（四）一般事故，是指造成3人以下死亡，或者10人以下重伤，或者1000万元以下直接经济损失的事故。

国务院安全生产监督管理部门可以会同国务院有关部门，制定事故等级划分的补充性规定。

本条第一款所称的“以上”包括本数，所称的“以下”不包括本数。”

2. 事故报告

（1）总则第四条对事故报告提出了总要求。原文为“事故报告应当及时、准确、完整，任何单位和个人对事故不得迟报、漏报、谎报或者瞒报。

事故调查处理应当坚持实事求是、尊重科学的原则，及时、准确地查清事故经过、事故原因和事故损失，查明事故性质，认定事故责任，总结事故教训，提出整改措施，并对事故责任者依法追究责任。”

《生产安全事故报告和调查处理条例》第二章中对事故报告责任、事故报告的程序和时限、事故报告的内容等作出了具体规定。

（2）第九条规定了事故报告的程序和时限，原文为“事故发生后，事故现场有关人员应当立即向本单位负责人报告；单位负责人接到报告后，应当于1小时内向事故发生地县级以上人民政府安全生产监督管理部门和负有安全生产监督管理职责的有关部门报告。

情况紧急时，事故现场有关人员可以直接向事故发生地县级以上人民政府安全生产监督管理部门和负有安全生产监督管理职责的有关部门报告。”

（3）第十二条规定了事故报告的内容，原文为“报告事故应当包括下列内容：

（一）事故发生单位概况；

（二）事故发生的时间、地点以及事故现场情况；

（三）事故的简要经过；

（四）事故已经造成或者可能造成的伤亡人数（包括下落不明的人数）和初步估计的直接经济损失；

（五）已经采取的措施；

（六）其他应当报告的情况。”

(4) 第十三条规定了事故补报的时限，原文为“事故报告后出现新情况的，应当及时补报。

自事故发生之日起30日内，事故造成的伤亡人数发生变化的，应当及时补报。道路交通事故、火灾事故自发生之日起7日内，事故造成的伤亡人数发生变化的，应当及时补报。”

(5) 第十四条规定了事故发生后的应对措施，原文为“事故发生单位负责人接到事故报告后，应当立即启动事故相应应急预案，或者采取有效措施，组织抢救，防止事故扩大，减少人员伤亡和财产损失。”

(6) 第十六条规定了事故现场及证据处理方法，原文为“事故发生后，有关单位和人员应当妥善保护事故现场以及相关证据，任何单位和个人不得破坏事故现场、毁灭相关证据。

因抢救人员、防止事故扩大以及疏通交通等原因，需要移动事故现场物件的，应当做出标志，绘制现场简图并做出书面记录，妥善保存现场重要痕迹、物证。”

3. 事故调查

《生产安全事故报告和调查处理条例》第三章中第二十六条规定了生产安全事故调查的原则，调查组组成的原则、行为规范，以及事故报告的时限和事故调查报告的内容，还规定了关单位和个人配合调查的义务。原文为“事故调查组有权向有关单位和个人了解与事故有关的情况，并要求其提供相关文件、资料，有关单位和个人不得拒绝。

事故发生单位的负责人和有关人员在事故调查期间不得擅离职

守，并应当随时接受事故调查组的询问，如实提供有关情况。”

4. 事故处理

《生产安全事故报告和调查处理条例》第四章中第三十二条、第三十三条还明确了事故调查报告的批复主体和批复的期限，规定了事故责任追究的落实方法，明确了防范和整改措施的落实及其监督检查，确立了事故处理情况的公布制度。第三十二条“有关机关应当按照人民政府的批复，依照法律、行政法规规定的权限和程序，对事故发生单位和有关人员进行行政处罚，对负有事故责任的国家工作人员进行处分。

事故发生单位应当按照负责事故调查的人民政府的批复，对本单位负有事故责任的人员进行处理。

负有事故责任的人员涉嫌犯罪的，依法追究刑事责任。”

第三十二条“事故发生单位应当认真吸取事故教训，落实防范和整改措施，防止事故再次发生。防范和整改措施的落实情况应当接受工会和职工的监督。”

5. 法律责任

《生产安全事故报告和调查处理条例》第五章中，对事故发生单位及其主要负责人和其他有关人员、中介机构及其有关人员，有关地方人民政府、安全生产监督管理部门和负有安全生产监督管理职责的有关部门及其有关人员，在事故报告和调查处理中的违法行为以及未履行安全生产职责导致事故发生等行为，都规定了力度较大的惩处措施，包括行政处罚、处分以及刑事责任等。其中的行政处罚既有财产处罚，又有资格处罚，目的就在于进一步加大处罚力度，有效地预防事故发生。与事故发生单位的负责人和有关人员的处罚条款主要包括：

第三十五条“事故发生单位主要负责人有下列行为之一的，处上一年年收入40%至80%的罚款；属于国家工作人员的，并依法给予处分；构成犯罪的，依法追究刑事责任：

（一）不立即组织事故抢救的；

（二）迟报或者漏报事故的；

（三）在事故调查处理期间擅离职守的。”

第三十六条“事故发生单位及其有关人员有下列行为之一的，对事故发生单位处100万元以上500万元以下的罚款；对主要负责人、直接负责的主管人员和其他直接责任人员处上一年年收入60%至100%的罚款；属于国家工作人员的，并依法给予处分；构成违反治安管理行为的，由公安机关依法给予治安管理处罚；构成犯罪的，依法追究刑事责任：

（一）谎报或者瞒报事故的；

（二）伪造或者故意破坏事故现场的；

（三）转移、隐匿资金、财产，或者销毁有关证据、资料的；

（四）拒绝接受调查或者拒绝提供有关情况和资料的；

（五）在事故调查中作伪证或者指使他人作伪证的；

（六）事故发生后逃匿的。”

第三十七条“事故发生单位对事故发生负有责任的，依照下列规定处以罚款：

（一）发生一般事故的，处10万元以上20万元以下的罚款；

（二）发生较大事故的，处20万元以上50万元以下的罚款；

（三）发生重大事故的，处50万元以上200万元以下的罚款；

（四）发生特别重大事故的，处200万元以上500万元以下的罚款。”

第三十八条“事故发生单位主要负责人未依法履行安全生产管理职责，导致事故发生的，依照下列规定处以罚款；属于国家工作人员的，并依法给予处分；构成犯罪的，依法追究刑事责任：

（一）发生一般事故的，处上一年年收入30%的罚款；

（二）发生较大事故的，处上一年年收入40%的罚款；

（三）发生重大事故的，处上一年年收入60%的罚款；

（四）发生特别重大事故的，处上一年年收入80%的罚款。”

“第四十条事故发生单位对事故发生负有责任的，由有关部门依法暂扣或者吊销其有关证照；对事故发生单位负有事故责任的有关人员，依法暂停或者撤销其与安全生产有关的执业资格、岗位证书；事故发生单位主要负责人受到刑事处罚或者撤职处分的，自刑罚执行完毕或者受处分之日起，5 年内不得担任任何生产经营单位的主要负责人。

为发生事故的单位提供虚假证明的中介机构，由有关部门依法暂扣或者吊销其有关证照及其相关人员的执业资格；构成犯罪的，依法追究刑事责任。”

6. 实施说明

附则中第四十六条规定了实施时间，原文为“本条例自 2007 年 6 月 1 日起施行。国务院 1989 年 3 月 29 日公布的《特别重大事故调查程序暂行规定》和 1991 年 2 月 22 日公布的《企业职工伤亡事故报告和处理规定》同时废止。”

二、《国务院关于特大安全事故行政责任追究的规定》

为了有效地防范特大安全事故的发生，严肃追究特大安全事故的行政责任，保障人民群众生命、财产安全，2001 年 4 月 21 日，国务院发布第 302 号令，不仅规定了特大安全事故的范围，而且规定了地方人民政府和政府有关部门对特大安全事故的责任，同时规定特大安全事故肇事单位和个人的刑事处罚、行政处罚和民事责任，依照有关法律、法规和规章的规定执行。

第四节　安全生产有关文件

在现行的安全生产法规体系中，除法律法规外，国务院各部门还根据法律和国务院的行政法规、决定、命令在本部门的权限内按照规定的程序制定了大量的规定、办法、规则等规范性文件。这些行政规章和从属性、规范性的文件，是对安全生产法律、法规的重要补充，是贯彻实施法律、法规，建立安全生产工作秩序的必要依据。我国仅安全生产监督管理部门的规章就有近70部。此外，有涉及安全生产的国家标准近50项，安全行业标准160多项，安全生产的重要性，可见一斑。本节重点介绍国务院及其有关部门近期出台的规范性文件。

一、《国务院关于进一步加强企业安全生产工作的通知》（国发〔2010〕23号）

面对安全生产存在的问题，2010年，国务院下发《关于进一步加强企业安全生产工作的通知》（国发〔2010〕23号），从总体要求、严格企业安全管理、建设坚实的技术保障体系、实施更加有力的监督管理、建设更加高效的应急救援体系、严格行业安全准入、加强政策引导、更加注重经济发展方式转变、实行更加严格的考核和责任追究等九个方面提出要求。文件提出，“全面开展安全达标。深入开展以岗位达标、专业达标和企业达标为内容的安全生产标准化建设，凡在规定时间内未实现达标的企业要依法暂扣其生产许可证、安全生产许可证，责令停产整顿；对整改逾期未达标的，地方政府要依法予以关闭。”

二、《国务院办公厅印发安全生产“十二五”规划的通知》（国办发〔2011〕47号）

规划开宗明义地指出，“安全生产事关人民群众生命财产安全，事关改革发展稳定大局，事关党和政府形象和声誉。”

规划确立的指导思想是，以邓小平理论和“三个代表”重要思想为指导，深入贯彻落实科学发展观，围绕科学发展的主题和加快转变经济发展方式的主线，牢固树立以人为本、安全发展的理念，坚持“安全第一、预防为主、综合治理”的方针，深化安全生产

“三项行动”、“三项建设”，以强化企业安全生产主体责任为重点，以事故预防为主攻方向，以规范生产为重要保障，以科技进步为重要支撑，加强基础建设，加强责任落实，加强依法监管，全面推进安全生产各项工作，继续降低事故总量和伤亡人数，减少职业危害，有效防范和遏制重特大事故，促进安全生产状况持续稳定好转，为经济社会全面、协调、可持续发展提供重要保障。

规划确立的基本原则是，统筹兼顾，协调发展；强化法治，综合治理；突出预防，落实责任；依靠科技，创新机制。

规划确定的主要任务是，完善安全保障体系，提高企业本质安全水平和事故防范能力；完善政府安全监管和社会监督体系，提高监察执法和群防群治能力；完善安全科技支撑体系，提高技术装备的安全保障能力；完善法律法规和政策标准体系，提高依法依规安全生产能力；完善应急救援体系，提高事故救援和应急处置能力；完善宣传教育培训体系，提高从业人员安全素质和社会公众自救互救能力。

规划明确要求，2015 年交通运输行业规模以下企业全部实现安全标准化达标。

第五节　企业安全生产标准化建设

目前，我国没有技术法规的正式用语，且未将其纳入法律体系的范畴，但是国家的许多安全生产立法却将安全生产标准作为生产经营单位必须执行的技术规范而载入法律，安全生产标准法律化已经成为我国安全生产立法的重要趋势。安全生产标准一旦成为法律规定必须执行的技术规范，它就具有了相应的法律地位和效力。执行安全生产标准是生产经营单位的法定义务，违反法定安全生产标准的要求，则要承担法律责任。因此，将法定安全生产标准纳入安全生产法律体系范畴来认识，有助于构建完善的安全生产法律体系。法定安全生产标准分为国家标准和行业标准，两者对生产经营单位的安全生产均具有约束力。现有涉及安全生产的国家标准近50项，安全行业标准160多项。安全生产的重要性，可见一斑。

一、安全生产标准化工作的意义

安全生产标准化就是通过建立安全生产责任制，制定安全管理制度和操作规程，排查治理隐患和监控重大危险源，建立预防机制，规范生产行为，使各生产环节符合有关安全生产法律法规和标准规范的要求，人、机、物、环处于良好的生产状态，并持续改进，不断加强企业安全生产规范化建设。

当前，我国的标准化工作步伐明显加快，涉及安全生产与职业安全的标准陆续制定或修订，为企业标准化提供了必要的技术支持。汽车维修在用的安全生产方面的相关国家标准与行业标准参见表1-3。

汽车维修在用的安全生产方面的相关国家标准与行业标准　　表1-3

标准名称	标准号	实施日期
工作场所职业病危害警示标识	GBZ 158—2003	2003-12-01
呼吸防护用品 自吸过滤式防颗粒物呼吸器	GB 2626—2006	2006-12-01
安全帽	GB 2811—2007	2007-12-01
安全标志及其使用导则	GB 2894—2008	2009-10-01
职业眼面部防护 焊接防护 第1部分：焊接防护具	GB/T 3609.1—2008	2009-10-01
特低电压（ELV）限值	GB/T 3805—2008	2008-09-01
火灾分类	GB/T 4968—2008	2009-04-01
企业职工伤亡事故分类	GB 6441—1986	1987-02-01
涂装作业安全规程 涂漆工艺安全及其通风净化	GB 6514—2008	2009-10-01
涂装作业安全规程 涂漆前处理工艺安全及其通风净化	GB 7692—2012	2013-03-01

续上表

标准名称	标准号	实施日期
防护服装 阻燃防护 第2部分：焊接服	GB 8965. 2—2009	2009-12-01
焊接与切割安全	GB 9448—1999	2000-05-01
个体防护装备选用规范	GB 11651—2008	2009-10-01
防静电服	GB 12014—2009	2009-12-01
涂装作业安全规程 有限空间作业安全技术要求	GB 12942—2006	2006-09-01
化学品分类和危险性公示　通则	GB 13690—2009	2010-05-01
生产过程危险和有害因素分类与代码	GB 13861—2009	2009-12-01
涂装作业安全规程喷漆室安全技术规定	GB 14444—2006	2006-09-01
个人用眼护具技术要求	GB 14866—2006	2006-12-01
防护服一般要求	GB/T 20097—2006	2006-09-01
个体防护装备 职业鞋	GB 21146—2007	2008-06-01
个体防护装备 防护鞋	GB 21147—2007	2008-06-01
个体防护装备 安全鞋	GB 21148—2007	2008-06-01
建筑设计防火规范	GB 50016 - 2006	2006-12-01
汽车库、修车库、停车场设计防火规范	GB 50067—1997	1998-05-01
建筑灭火器配置设计规范	GB 50140—2005	2005-10-01
火灾自动报警系统施工及验收规范	GB 50166—2007	2008-03-01
建筑内部装修设计防火规范	GB 50222—2001	1995-10-01
焊接工艺防尘防毒技术规范	AQ 4214—2011	2011-12-01
涂装职业健康安全通用要求	AQ 5208—2011	2011-12-01
涂装作业危险有害因素分类	AQ/T 5209—2011	2011-12-01
涂料与辅助材料使用安全通则	AQ/T 5216—2013	2013-10-01
职业病危害评价通则	AQ/T 8008—2013	2013-10-01
生产经营单位安全生产事故应急预案编制导则	AQ/T 9002—2006	2006-11-01
企业安全生产标准化基本规范	AQ/T 9006—2010	2010-06-01
灭火器维修与报废规程	GA 95—2007	2007-10-01

二、交通运输企业安全生产标准化建设工作

2011 年，为贯彻落实《国务院关于进一步加强企业安全生产工作的通知》（国发〔2010〕23 号）精神和《国务院安委会关于深入开展企业安全生产标准化建设的指导意见》（安委〔2011〕4 号）的总体要求，全面推进交通运输企业安全生产标准化建设工作，交通运输部制定了《交通运输企业安全生产标准化建设实施方案》（交安监发〔2011〕322 号），要求交通运输企业全面开展安全生产标准化建设工作，实现企业安全管理标准化、作业现场标准化和操作过程标准化，在 2015 年前全面达标。此时，汽车维修企业安全生产标准化建设势在必行。

2012 年，交通运输企业部下发了《交通运输企业安全生产标准化考评管理办法和达标考评指标》（交安监发〔2012〕175 号）。该文件明确，“适用于全国交通运输企业安全生产标准化考评及其管理活动。”“交通运输企业安全生产标准化达标等级分为一级、二级、三级”。“交通运输企业安全生产标准化考评包括初次考评、换证考评和附加考评三种形式。”文件确立了企业安全生产标准化达标考核指标。

同年，为规范交通运输企业安全生产标准化考评发证、考评机构和考评员的管理，根据《交通运输企业安全生产标准化考评管理办法》（交安监发〔2012〕175 号），交通运输部制定了《交通运输企业安全生产标准化考评发证实施办法》、《交通运输企业安全生产标准化考评机构管理实施办法》、《交通运输企业安全生产标准化考评员管理实施办法》（厅安监字〔2012〕134 号）。

三、机动车维修企业安全生产标准化工作

交通运输企业安全生产标准化建设工作繁重，文件针对各个方面的工作实际，分别提出了达标考核指标。机动车维修企业安全生产标准化达标考评指标见表 1-4。

机动车维修企业安全生产标准化达标考评指标　　表 1-4

考评内容	考评要点	分值	评价	得分
一、安全目标（35分）	1. 安全工作方针与目标			
	2. 中长期规划			
	3. 年度计划			
	4. 目标考核			
二、管理机构和人员（35分）	1. 安全管理机构			
	2. 管理人员配备			
三、安全责任体系（45分）	1. 健全责任制			
	2. 责任制考评			
四、法规和安全管理制度（70分）	1. 资质			
	2. 法规			
	3. 安全管理制度			
	4. 岗位安全生产操作规程			
	5. 制度执行及档案管理			
五、安全投入（50分）	1. 资金投入			
	2. 费用管理			
六、装备设施（130分）	1. 安全设施及管理			
	2. 汽车喷烤漆房			
	3. 举升机			
	4. 特种设备			
	5. 电气设备			
七、科技创新与信息化（45分）	1. 科技创新及应用			
	2. 科技信息化			
八、队伍建设（90分）	1. 培训计划			
	2. 宣传教育			
	3. 管理人员			
	4. 从业人员培训			
	5. 规范档案			

续上表

考评内容	考评要点	分值	评价	得分
九、作业管理（140分）	1. 现场作业管理			
	2. 安全值班			
	3. 相关方管理			
	4. 涂漆作业			
	5. 调试作业			
	6. 焊接作业			
	7. 警示标志			
十、危险源辨识与风险控制（50分）	1. 危险源辨识			
	2. 风险控制			
十一、隐患排查与治理（70分）	1. 隐患排查			
	2. 隐患治理			
十二、职业健康（35分）	1. 健康管理			
	2. 工伤保险			
	3. 危害告知			
	4. 劳动保护			
十三、安全文化（35分）	1. 安全环境			
	2. 安全行为			
十四、应急救援（85分）	1. 预案制定			
	2. 预案实施			
	3. 应急队伍			
	4. 应急装备			
	5. 应急演练			
十五、事故报告调查处理（50分）	1. 事故报告			
	2. 事故处理			
十六、绩效考核与持续改进（35分）	1. 绩效评定			
	2. 持续改进			
	3. 安全管理体系建设			

汽车维修行业开展安全生产标准化建设是新时期国家赋予行业管理部门和企业的一项艰巨而重要的任务，是增强安全生产意识，强化行业安全监管，防范生产安全事故，提升企业安全生产管理水平的最优方法，是促进道路运输事业安全生产形势稳定好转的重要举措，是强化企业全员综合安全素质、构建安全生产长效机制的重要途径和系统工程，对促进汽车维修行业的科学发展、安全发展、和谐发展具有重要的现实意义和深远的历史影响。截至2014年7月10日，交通运输部安委办连续发布八批交通运输企业安全生产标准化一级达标企业，根据《交通运输企业安全生产标准化考评管理办法》、《交通运输企业安全生产标准化考评发证实施办法》、《交通运输企业安全生产标准化达标考评指标》要求，经自评、申请、受理、考评、审核、公示等程序，业已认定北京、天津、江苏、浙江、广西、云南、陕西、新疆等省（自治区、直辖市）35家汽车维修企业为交通运输企业安全生产标准化一级达标企业。

做好汽车维修企业安全生产标准化工作，首要的是提高思想认识，广泛地开展宣传营造良好的舆论氛围。其次是科学制定方案，根据有关文件精神，结合自身实际，制定切实可行的实施方案，认真组织落实。再次，夯实管理基础，以企业安全生产标准化建设为契机，扎扎实实开展培训，提升全员素质。最后，加大安全投入，保证技术改造到位，实现安全管理创新。

思　考　题

1. 试述我国不同时期的安全生产方针。
2. 汽车维修企业应当如何贯彻安全生产方针？
3. 《中华人民共和国安全生产法》主要包括哪些内容？
4. 《中华人民共和国安全生产法》关于生产经营单位的安全生产保障作出了哪些规定？

5. 《中华人民共和国安全生产法》关于从业人员的权利和义务作出了哪些规定？

6. 企业主要负责人的安全生产职责包括哪些内容？

7. 企业主要负责人不履行安全生产管理职责的，需承担哪些法律责任？

8. 生产经营单位的从业人员不服从管理，违反安全生产规章制度或者操作规程的，需承担哪些法律责任？

9. 《中华人民共和国劳动法》主要包括哪些内容？

10. 《中华人民共和国劳动法》关于劳动安全卫生作出了哪些规定？

11. 《中华人民共和国职业病防治法》有关劳动过程中的防护与管理有哪些规定？

12. 怎样理解消防工作方针中的“预防为主”？

13. 机动车维修企业如何推进安全生产标准化工作？

14. 机动车维修企业安全生产标准化达标考评指标主要有哪些内容？

15. 结合本企业实际，谈谈如何做好安全生产标准化工作。

第二章　汽车维修企业安全生产管理制度

汽车维修企业安全生产是指在整个汽车维修服务活动中，保障人身安全、设施设备安全和车辆安全的全部活动。人身安全是指消除危害人身安全健康的一切不良因素，保证作业人员在安全的环境中开展工作；设施设备安全和车辆安全是指消除设施设备、在修车辆和其他相关财产的各种危险因素，保障维修生产活动正常进行。

第一节　汽车维修安全生产状况

汽车维修企业是现代道路运输业的重要组成部分，也是面向社会服务的窗口，直接为道路运输生产和乘用车维修提供服务。随着我国汽车市场规模的急剧扩大，民用汽车保有量迅猛攀升，私人汽车快速进入家庭，汽车维修与人们生活的联系也变得越来越密切。汽车维修安全生产，不仅涉及人身安全，而且涉及财产安全；不仅关乎经营者安全，而且关乎从业人员安全；不仅局限于企业内部安全，而且影响到客户乃至社会安全。由于经济发展和社会进步，汽车车型种类日益繁多，更新换代不断加速，技术含量越来越高，复杂程度逐步攀升，维修作业范围不断延伸，维修设备持续进步，社会要求愈发严格，客户期待越来越高。这一切给汽车维修带来了空前的机遇和挑战。

一、汽车维修安全生产存在薄弱环节

安全、节能和环保是当今社会面临的三大课题，汽车维修业首

当其冲。汽车维修是多工种联合作业的服务行业，生产作业环境复杂，安全管理点多面广，从业人员平均文化教育程度相对偏低，预备进入市场的实习人员众多，举升设备、压力装置、移动电器种类繁多、数量很大，同时接触易燃易爆物，影响安全生产的因素很多。当前，汽车维修企业安全生产形势并不乐观，维修工被在修车辆碾压致死，轮胎爆炸造成伤亡，维修工擅自驾驶修理车辆发生行车事故，维修工烫伤、压伤，汽车掉入地沟，维修厂房或设备失火，电器、设备机械事故，以及因维修质量引发的交通事故等时有发生。

1. 事故案例，触目惊心

这里，介绍几起与汽车维修工有关的安全生产事故案例，以唤起业界人士的重视。

案例1：2000年，一名正在实习的修理工举升车辆时，由于支撑位置不当，加之在车下拧动螺栓用力过猛，导致车辆移位脱落，当事修理工被压身亡。

案例2：2001年，某客车修理厂维修大客车制动器后进行路试，检验员为了走近路，逆向驾车行驶，撞到横穿马路的行人，导致行人死亡。

案例3：2007年，某客运公司的一辆客车在修理厂更换备胎，当轮胎工还在车下紧固轮胎螺栓时，驾驶员上车起动发动机，并起步行驶，致使轮胎工被挤压身亡。

案例4：2009年，某4S店维修轿车后进行路试，检验员途中把车交给同去的修理工驾驶，车辆高速行驶时方向失控，横向撞到路边电线杆，车辆当场拦腰折断（图2-1），当事检验员和修理工当场死亡。

案例5：2011年，某特约维修站上门给一辆水泥罐装车做走合维护作业。车辆刚好停在一个约20°～30°的坡道上卸完成品混凝土，修理工更换发动机机油，检查机油标尺在上、下标线之间。起动发动机，运转半个多小时后，发动机出现异响并自动熄火。检查后发现发动机曲轴咬黏，曲轴、缸体全部报废，其原因是修理工少加了 2L 机油。维修站为此赔偿一台价值 18 万元的发动机总成，同时被取消了特约维修资格。

图 2-1　事故案例现场图

案例 6：2012 年，某公交停车场内因在修车辆占道车辆回场通道不畅，场内专职调车员没有察看车下情况就移动车辆，导致在车下作业的修理工当场死亡。

案例 7：2012 年，某客运公司的客车在修理厂检修发动机后（后置发动机），维修工没有将右侧发动机舱门上锁，也没有书面告之驾驶员。第二天，该车行至一公交车站时，因路面冲击，右侧发动机舱门弹开，直接撞击在公交车站台上 2 名候车乘客，造成 1 名候车乘客肝破裂，另 1 名候车乘客 5 处骨折。

案例 8：2013 年，一修理工在拆解客车底盘作业时，贪图方便，便起动发动机给气囊充气，提升车辆，结果一只气囊突然发生爆炸，当事修理工被炸身亡。

案例 9：2013 年，一公交客车在修理厂做汽车一级维护作业，维修工为前桥加注润滑脂时，驾驶员配合转动转向盘，由于配合不当，维修工被挤压在轮胎与车身之间，不幸死亡。

案例 10：一维修工在检测客车空调管路密封性能之后，忘记泄压即交付使用。当驾驶员开启空调时，空调系统内部压力急剧上升，空调压缩机及管路破裂，并发生爆炸，致车厢顶部的空调风管及支架全部脱落（图 2-2），客车的部分侧窗玻璃碎裂，车上 5 名乘客不同程度受伤。

图 2-2　事故案例现场图

案例 11：图 2-3 是一修理工在修理制动器时，用一块泡沫塑料做衬垫，存在严重的安全隐患。安全技术操作规程要求，使用千斤顶顶起车轮后，必须用铁凳加木板来支撑。

图 2-3　泡沫塑料做衬垫

案例12：近年，各地发生多起因烤漆房电器短路而引发火灾，烧毁车辆的事故，也曾发生油漆工吸烟时进入刚刚完成喷漆作业的烤漆房，引发火灾，烧伤油漆工的事件。

2. 事故原因，值得深思

仔细分析汽车维修企业实际和安全生产现状，不难看出，企业安全生产管理存在某些不足。

（1）安全意识根基不牢。认识不足是一切工作不到位的深层次根源。长期以来，实践操作中的“生产第一”和理论上的“安全第一”冲突不断。有些汽车维修企业和管理部门的领导不能从安全也是生产力的高度来认识安全生产工作的重要性，重经济效益、轻安全的现象依然存在，没有把安全生产摆上重要位置，或把安全工作停留在口头上、字面中，没有真正落实到实际工作中去。一些企业侥幸没有发生过重大安全生产事故，盲目地认为已经很安全了。一些实力差、规模小的企业，在经济转型期艰难生存，企业经营者为追求利润最大化，不顾企业和员工安全，以得过且过的心态维持企业生存；部分自身实力强、基础好的企业凭借自己的老一套管理办法，对开展安全工作也不是十分认同，认为是重复劳动，态度上不积极；还有一些企业以包代管，没有把安全生产摆上日程，安全生产教育培训工作跟不上，安全工作不到位。

（2）安全机构工作不实。有的企业没有建立健全安全生产机构，没有按规定配备足够的安全生产管理人员，造成安全管理混乱，安全生产事故时有发生。一些私营企业目前仍没有摆脱业主个人管理或“家族式”管理模式，没有建立科学的管理制度。尽管经营者对安全生产重要性有所认识，主观上也想搞好安全生产，但对如何搞好安全生产缺乏相应的知识和管理措施，又缺少专业安全管理人员和科学管理方法。

（3）安全制度成为虚设。相当一部分企业没有建立和完善安全生产规章制度和操作规程；有的企业即使有安全生产制度和操作规程，也只是做表面文章，照抄照写，生搬硬套，简单堆积，应付检查，没有落到实处；许多企业安全生产规章制度和安全操作规程多年不修订，满足不了不断变化着的企业实际安全需求。

（4）安全设施投入不足。由于安全投入与经济效益没有直接关系，多数企业往往忽视汽车维修安全生产管理软件和汽车维修作业现场硬件设施建设，不愿在安全方面投放资金，导致作业现场的风险管理控制、生产设备维护、职业危害因素检测和危险、有害因素告知等存在缺陷。相当一部分企业生产工艺比较落后，设备简陋，或设备带病运转，满足不了现阶段安全标准规范要求。

（5）标准化建设多未达标。少数企业在申办开业或提升类别过程中，不严格执行国家有关安全生产方面资质标准，致使企业运行先天不足，埋下重大事故隐患；大多维修企业标准化建设没有开展，距离安全生产标准化要求还有不小差距。

（6）主体责任没有落实。企业是安全生产责任主体，可是，有些企业在实际工作中仅仅把“安全第一”放在口头上，真正意义上的安全管理还没有到位，主体责任没有得到落实，以牺牲安全为代价获取短期或局部经济利益的造成的安全生产事故时有发生。

（7）安全隐患因素较多。汽车维修经营场地是进行维修作业的场所，其中机电维修车间、钣金车间和喷漆车间等主要作业地点，存在诸如电伤害、噪声、运动物伤害、明火、易燃液体、腐蚀品、粉尘等主要危险和有害因素。维修人员在维修生产活动中，需要操作各种维修设备、使用有关的电器、接触某些危险品，对车辆进行各种维修作业等，存在着各种不安全的因素。如果忽视安全工作，则很容易发生人身伤害与财产损失方面的事故。

二、改善汽车维修安全工作基本途径

安全是企业健康发展的首要前提，没有安全保障，企业的维修质量、顾客满意度、企业的经济效益全都无从谈起。安全既体现在汽车维修工艺、设备以及配件、油品里面，又体现在职工安全生产素质上，还体现在企业管理中。安全和生产本身就是一个有机的统一体。在经济发展水平不高的情况下，人为地把二者对立起来，导致安全和生产长期不能协调发展。从安全也是生产力的认识中，我们要切实摆正两者的关系，从发展生产力的高度去看待安全问题，让安全状况与生产状况同步协调发展。现阶段，改善汽车维修安全管理，需要做好以下几个方面的工作。

（1）澄清模糊认识。一是不能只盯着“不发生事故不死人”。有些人把“不发生事故不死人”当作安全生产工作的成效和目标，其实这只是半截子工程。“不发生事故不死人”是安全生产工作在“低层次循环”的反映。我国是一个发展中的大国，正处在社会主义初级阶段，有些安全事故的发生与行业管理薄弱有关，与增长方式落后有关，要不断研究解决安全生产的深层次问题。安全生产是一个系统工程，需要植根于生产、管理和科技进步之中，不断增强责任意识，注重源头治理，实现本质安全，彻底摆脱事后处理型安全管理模式。

二是不能片面搞“整改事故隐患”。“整改事故隐患”的说法，有三个方面的含义。第一是针对某一时期安全生产工作的薄弱环节和“短板”，有的放矢，拾遗补缺；第二是针对事故隐患头痛医头，脚痛医脚；第三是发现事故隐患举一反三，认真根治。多年来，安全生产工作大多在低层次徘徊，习惯于把“整改事故隐患”当作安全生产工作的一条重要工作要求，采取“救火”的办法，哪里“冒烟”往哪扑，这只是从现象上解决了问题，不是从全局解决了问题；只是从眼前解决了问题，不是从长远上解决了问题，缺乏深层次的挖掘，无法从根本上解决问题。只有树立抓根本的观念，运用系统原理，从整改事故隐患中及时采取避免类似事故发生的具体措施，才能既治标又治本。

三是不能认为“标准化的建设就是一些制度的简单堆积”。实施安全生产标准化建设是落实企业安全生产主体责任的重要途径，是强化企业安全生产基础工作的重要手段，是建立安全生产长效机制的重要方法，是一项严肃的系统工程，那种希望在安全生产标准化建设验收时，随意地弄一些制度草草了事的想法是万万要不得的。

（2）筑牢安全基础。建立健全安全生产组织机构，严格落实安全生产责任制度，明确各岗位人员安全职责，是做好维修企业安全管理的基础。加强安全生产基础工作，加大安全生产投入，深入开展安全生产教育培训，坚持常态化的安全生产检查，消除事故隐患是搞好安全生产的重要环节。

首先，汽车维修企业应健全组织体系，强化安全队伍建设，完善安全生产责任体系，明确各级各类人员的安全生产岗位责任。按照《安全生产法》的要求，设置安全生产管理机构，生产部门和班组应配备专（兼）职安全生产管理人员，负责督促、教育和检查员工执行安全操作规程。操作人员上岗前必须先培训，合格后上岗。实习生不得单独操作。

其次，汽车维修企业应因地制宜地制定适应本单位安全管理的各项规章制度和各工种、各机电设备的安全操作规程，明示在相应的工位或设备处，并认真组织贯彻落实，以规范从业人员的安全行为，促进工作现场各类安全隐患的排查治理，消除人为不安全行为和环境不安全状态以及管理上的缺陷。

（3）强化安全培训。加强对从业人员有关安全生产的法律、法规和安全生产知识的宣传、教育和培训，牢固树立安全生产理念，提高安全操作技能。

（4）坚持持证上岗。严格按照国家和行业管理部门规定，对有资质要求的维修从业人员坚持持证上岗制度，无证人员不得上岗作业。

（5）加强监督检查。依据维修企业自己制定的各项规章制度和操作规程，加强监督检查力度，做好检查记录，及时消除事故隐患。

（6）提高防御能力。要以落实企业安全生产主体责任为契机，建立安全事故应急机制，针对可能发生的事故，预先做好组织准备和应急保障，内容包括应急机构组成、人员分工与职责、应急预案启动程序、应急救援工作程序等，并加强实际演练，不断完善企业安全生产应急体系，以消除或减少事故危害，防止事故扩大或恶化。

第二节 安全生产责任制

落实企业安全生产主体责任是搞好安全生产的关键。其主要内容包括物质保障责任、资金投入责任、机构设置和人员配备责任、规章制度与安全操作规程制定责任、教育培训责任、安全管理责任、事故报告和应急救援的责任，以及法律、法规、规章规定的其他安全生产责任。

一、安全生产责任制是一项基本制度

安全生产责任制主要指企业的各级领导、职能部门和在一定岗位上的劳动者个人对安全生产工作应负责任的一种制度，也是企业的一项基本管理制度。

安全生产责任制是根据我国“安全第一，预防为主，综合治理”的安全生产方针和安全生产法规建立的各级领导、职能部门、工程技术人员、岗位操作人员在劳动生产过程中对安全生产层层负责的制度。安全生产责任制是企业岗位责任制的一个组成部分，是企业中最基本的一项安全制度，也是企业安全生产、劳动保护管理制度的核心。实践证明，凡是建立、健全了安全生产责任制的企

业，各级领导重视安全生产、劳动保护工作，切实贯彻执行党的安全生产、劳动保护方针、政策和国家的安全生产、劳动保护法规，在认真负责地组织生产的同时，积极采取措施，改善劳动条件，工伤事故和职业性疾病就会减少。反之，就会职责不清，相互推诿，而使安全生产、劳动保护工作无人负责，无法进行，工伤事故与职业病就会不断发生。

《安全生产法》把建立和健全安全生产责任制作为生产经营单位安全管理必须实行的一项基本制度，其中明确规定，生产经营单位的主要负责人要建立、健全本单位安全生产责任制，并对其负责。事实表明，实行安全生产责任制，有利于增加生产经营单位和企业职工的责任感，调动他们搞好安全生产的积极性。生产经营单位和企业由各个部门、车间、班组和个人组成，各自具有本职职责或生产任务。而安全不是离开生产而独立存在的，是贯穿于生产整个过程之中体现出来的。只有从上到下建立起严格的安全生产责任制，做到责任分明，各司其职，各负其责，将法律法规赋予企业的安全生产责任由大家来共同承担，安全工作才能形成一个整体，各类生产中的事故隐患才能无机可乘，从而避免或减少事故的发生。因此，许多企业在实践中，按照责、权、利相结合的原则，对安全工作采用目标管理的方法，事先制定，层层分解，落实到部门、各班组，并与奖惩制度紧密结合，在规定的时间内完成或达到目标，给予奖励；若完不成目标，给予相应处罚，使企业的安全工作得到了加强。这种做法才是生产安全所要达到的目标。

二、汽车维修企业安全生产责任制的基本要求

1. 坚持以人为本

企业负责人应牢记“科学发展观的核心是以人为本，以人为本首先要保障人的生命安全”，把安全生产作为事关全局的大事，摆

上重要议事日程。企业的各级领导人员在管理生产的同时，必须负责管理安全工作，认真贯彻执行国家有关劳动保护的法令和制度，在计划、布置、检查、总结、评比生产的时候，同时计划、布置、检查、总结、评比安全工作。

2. 强化责任体系

企业应该强化责任体系建设，实行最严格的安全生产制度，根据实际情况加强安全生产与劳动保护工作机构或专（兼）职人员的工作。安全生产与劳动保护工作机构或专（兼）职人员的职责是，协助领导组织推动生产中的安全工作，贯彻执行安全生产与劳动保护的法令、制度；汇总和审查安全技术措施计划，并且督促有关部门切实按期执行；组织和协助有关部门制订或修订安全生产制度和安全技术操作规程，对这些制度、规程的贯彻执行进行监督检查；经常进行现场检查，协助解决问题，遇有特别紧急的不安全情况时，有权指令先行停止生产，并且立即报告领导研究处理；总结和推广安全生产的先进经验；对职工进行安全生产的宣传教育；指导生产小组安全员工作；督促有关部门按规定及时分发和合理使用个人防护用品；参加审查新建、改建、大修工程的设计计划，并且参加工程验收和试运转工作；参加伤亡事故的调查和处理，进行伤亡事故的统计、分析和报告，协助有关部门提出防止事故的措施，并且督促他们按期实现；组织有关部门研究执行防止职业中毒和职业病的措施；督促有关部门做好劳逸结合和女工保护工作。

3. 搞好部门协同

企业中的接待、技术、设备保障、配件供应、财务等职能部门，都应该在各自业务范围内，对实现安全生产的要求负责。

4. 发挥骨干作用

企业各生产班组都应该设有不脱产的安全员。安全员在生产班组长的领导和安全生产部门的指导下，首先应当在安全生产方面以身作则，起模范带头作用，并协助班组长做好下列工作：经常对本组工人进行安全生产教育；督促他们遵守安全操作规程和各种安全生产制度；正确地使用个人防护用品；检查和维护本组的安全设备；发现生产中有不安全情况的时候，及时报告；参加事故的分析和研究，落实防止事故的措施。

5. 全员共同参与

企业的职工应该自觉地遵守安全生产规章制度，不进行违章作业，并且要随时制止他人违章作业，积极参加安全生产的各种活动，主动提出改进安全工作的意见，爱护和正确使用机器设备、工具及个人防护用品。

三、汽车维修企业安全生产责任制主要内容

安全生产领导小组是安全生产的组织领导机构，是建立企业安全生产责任制的保证。企业法人作为安全生产第一责任人，任安全生产小组组长，负责企业的安全事务的全面工作；企业分管安全工作负责人任副组长，具体负责安全事务的日常管理工作；各部门负责人任安全生产领导小组成员，负责落实执行本部门安全生产事项。各部门和车间设立一名兼职安全员，负责监督、检查、上报安全事项。

1. 法人代表安全职责

法人代表是企业安全生产第一责任人，对企业的安全生产全面负责，具体职责是：

（1）认真贯彻执行国家安全生产的方针、政策、法令和各级政府及其有关部门的指示，把安全工作列入企业管理的重要议事日程。认真做好安全工作“五同时”（在计划、布置、检查、总结、评比生产工作的时候，同时计划，布置、检查、总结、评比安全工作）。

（2）主持召开企业安全管理专题会议，定期研究安全工作，及

时通报企业安全生产工作情况，掌握企业安全生产动态，对本企业安全生产负全面领导责任。

（3）建立健全安全管理责任制，包括企业领导职责、各部门领导职责、班组长职责和员工岗位职责。

（4）领导编制和实施本企业中、长期整体规划及年度、特殊时期安全工作实施计划。组织审定并批准企业安全规章制度、安全技术规程和重大的安全技术措施。

（5）建立健全本企业的各项安全生产奖罚办法。

（6）建立健全安全生产的保证体系和安全管理机构，配备专兼职安全技术管理人员，落实安全技术措施经费，督促检查各部门负责人抓好安全生产工作。

（7）领导并支持安全管理部门及人员的监督检查工作。定期听取安全部门的工作汇报，及时研究解决或审批有关安全生产中的重大问题。

（8）建立健全重大灾害事故的预防和应急处理方案，组织应急演练。发生事故时，积极组织救援。

（9）在事故调查组的指导下，领导、组织本企业有关部门或人员，做好重大伤亡事故调查处理的具体工作，监督制定和落实防范措施，预防事故重复发生。

2. 企业分管安全工作负责人安全职责

企业分管安全工作负责人作为安全生产直接责任人，协助第一安全责任人做好安全管理工作，具体职责是：

（1）贯彻执行国家安全生产方针、政策、法规、标准。组织制订、修订企业安全规章制度、安全技术操作规程计划，并认真组织实施。

（2）组织实施本企业中、长期、年度、特殊时期安全工作规划、目标及实施计划，组织落实安全生产责任制及施工组织设计。

（3）建立健全安全管理制度和安全操作规程。对各类易燃易爆危险品严格管理。

（4）领导组织本企业的安全生产宣传教育工作，确定安全生产考核指标。

（5）领导组织本企业定期和不定期的安全生产检查，及时解决施工中的不安全生产问题。

（6）组织检查各部门和车间（班组）安全工作各项规章制度执行情况，及时纠正相关人员的失职和违章行为。

（7）根据本企业安全生产情况，组织开展安全技术研究工作，推广先进的安全技术管理方法。

（8）认真听取、采纳安全生产的合理化建议。

（9）负责分管部门的安全教育考核工作；组织对分管部门对于一般事故的调查、处理，并及时向第一安全负责人报告。在事故调查组的指导下，组织伤亡事故的调查、分析及处理中的具体工作。

3. 安全生产管理部门安全职责

（1）协助企业分管安全工作负责人贯彻执行安全生产法律、法规、标准、制度以及安全工作的指示和规定，综合管理日常安全生产工作。

（2）定期制订安全工作计划和方针目标，并负责贯彻实施。

（3）参与制定、修订企业有关安全生产管理制度和技术操作规程，并检查执行情况。

（4）负责对在岗员工、新进员工、变换岗位员工、实习人员和班组长的安全生产宣传教育和专业培训工作，检查、督促班组岗位安全教育。组织特种作业人员的培训、考核。建立安全教育档案。

（5）负责安排并检查各部门和车间（班组）安全工作，负责企业安全设备、灭火器材、防护器材、急救器具的管理，并使之处于完整好用状态。

（6）根据有关规定，发放符合国家标准的劳动防护用品，并监督正确佩戴和使用。

（7）参加安全技术措施、文明生产措施会审；参加生产调度会；参加新建、改建、扩建工程项目的设计、审查和竣工验收；参加自制的中小型机具设备及各种设施和设备维修后投入使用前的验收，合格后批准使用。

（8）对各车间安全员、各部门班组安全员进行安全技术指导。

（9）研究企业不安全动态，并提出改正意见。对各类易燃易爆危险品严格管理。

（10）开展定期与不定期的安全生产检查活动，及时发现隐患，制止违章作业。检查厂房、仓库有无火灾隐患，物品堆放是否符合消防要求，各出入口是否畅通，是否符合紧急情况下疏散人员的安全要求，对查出的隐患进行分类、汇总并督促有关单位及时整改。

（11）按照“四不放过”的原则（即事故原因未查清不放过、事故责任者和员工没有受到教育不放过、没有设立防范措施不放过、责任者未受到处理不放过），参加因工伤亡事故的调查处理，进行伤亡事故统计、分析，并按规定及时上报。

（12）健全安全管理档案，做到实用、齐全、规范。

4. 车间（班组）负责人安全职责

车间（班组）负责人对本单位安全生产全面负责，其职责是：

（1）认真贯彻执行上级的各项安全生产法律、法规、标准、制度以及安全工作的指示和规定，对本车间（班组）人员在生产中的安全和健康负责。

（2）建立和健全本车间安全管理网，配备车间和班组专兼职安全技术人员，充分发挥安全技术人员的作用。

（3）组织制订并实施车间安全管理规定、安全操作规程和安全技术措施。检查维护安全生产设备和防护装置处于完好状态，指导和督促本车间（班组）人员正确使用设备和工具，合理安排维修任务。

（4）组织对新工人（包括实习、代培人员）进行车间安全教育和班组安全教育；对员工进行经常性的安全思想、安全知识和安全技术教育；定期组织安全技术考核；组织并参加班组安全活动日活动，及时处理工人提出的意见。

（5）严格执行上级有关劳动保护用品发放管理规定，督促从业人员进入生产岗位前穿戴好劳动保护用品。

（6）认真落实安全技术交底，做好班前讲话，不违章指挥、冒险蛮干。负责组织并落实好动火时的安全措施。对各类易燃易爆危险品严格管理。

（7）组织各项安全生产活动，总结交流安全生产经验。

（8）每日组织一次安全检查，落实隐患整改，保证生产设备、安全装备、消防设施、防护器材和急救器材等处于完好状态，督促职工加强维护，正确使用。

（9）对本车间发生的事故及时报告和处理，注意保护事故现场。

（10）抓好车间（班组）安全生产基础工作，做好各项安全生产记录。

5. 安全员职责

（1）认真执行上级有关安全生产规定，对所在车间（班组）的安全生产负责。

（2）参与制定、修订安全技术措施及安全操作规程，并贯彻执行。

（3）制订车间（班组）安全活动计划，并检查执行情况。

（4）每周组织一次安全活动，学习安全操作规程，开展安全教育活动，接受安全部门或专职人员的安全监督检查，及时解决各类检查提出的不安全问题。

（5）针对生产任务特点，向班组进行书面安全技术交底，落实安全技术措施，并对规程、措施、交底要求执行情况经常检查，随时纠正作业违章行为。对各类易燃易爆危险品严格管理。

（6）对采用的汽车维修新材料、新工艺、新技术，组织作业人员安全技术培训。

（7）随时检查所在车间（班组）安全技术设施、安全装置、防护设施、消防器材，使其处于完好状态。发现问题，及时纠正解决。对重点、特殊部位施工，必须检查作业人员及安全设备、设施技术状况是否符合安全要求。

（8）发现因工伤亡或未遂事故要保护好现场，立即上报。

6. 维修工人安全职责

（1）认真学习和严格遵守安全生产各项规章制度，严格执行安全技术操作规程，不违反劳动纪律，不违章作业，对本岗位的安全生产负直接责任。

（2）积极参加安全活动、岗位技术练兵和事故应急演练。

（3）认真执行安全交底，不违章作业，服从安全人员的指导。

（4）正确分析、判断和处理各种事故苗头，把事故消灭在萌芽状态。如发生事故，要果断正确处理，及时如实地向上级报告，并保护现场，做好详细记录。

（5）经常进行巡回检查，发现异常情况及时处理和报告。对各类易燃易爆危险品严格管理。

（6）爱护生产设备和安全防护装置、设施及劳动保护用品。

（7）正确操作、精心维护设备，保持作业环境整洁，搞好文明生产。

（8）发现不安全情况，及时报告领导，迅速予以排除。

（9）有权拒绝违章作业的指令。

（10）对他人违章作业加以劝阻和制止。

四、安全生产责任制度案例

安全生产责任制度

1　总则

1.1　目的

为保障本公司的安全生产，进一步贯彻落实“安全第一、预防为主；控制风险、综合治理；平安和谐、持续改进”的安全方针，强化各级组织和人员的安全生产责任制，确保安全生产，特制定本制度。

1.2　适用范围

本制度适用于本公司各部门、车间及所有人员。

1.3　说明

1.3.1　公司总经理是本公司安全生产的第一责任人。

1.3.2　在实际工作中贯彻管生产必须管安全，谁主管谁负责的原则。

1.3.3　本公司的各级领导人员和职能部门，必须在各自工作范围内，对实现安全生产负责。

1.3.4　安全生产人人有责，公司的每位员工都必须在自己的岗位上认真履行各自的安全职责，实现全员安全生产责任制。

2　公司领导及安全生产领导小组安全生产职责

2.1　总经理安全生产职责

2.1.1　认真贯彻“安全第一、预防为主；控制风险、综合治理；平安和谐、持续改进”的方针，严格执行《中华人民共和国安全生产法》和《××省安全生产条例》等国家和省、市安全生产法律、法规，全面负责安全生产工作。

2.1.2　组织制定并实施公司安全规章制度、安全操作规程、重大安全技术措施和生产安全事故应急预案。

2.1.3　每季度至少组织一次安委会成员会议，总结布置安全生产工作。

2.1.4　建立健全安全生产责任制，明确各部门、各类人员的安全职责，并定期检查和考核。

2.1.5　健全安全组织机构，及时调整、充实安全专职管理人员，及时研究解决生产中的重大安全问题。

2.1.6　审定安全生产规划和年度计划，确定安全生产工作目标。

2.1.7　保证安全生产投入的有效实施。

2.1.8　为职工提供安全、健康、卫生的工作条件和生活环境，保障职工职业健康，加强劳动保护，预防和减少职业病和其他疾病对职工的危害。

2.1.9　及时、如实向安全生产监督管理部门报告生产安全事故，按照“四不放过”的原则进行查处。

2.2　安全生产领导小组安全生产职责

2.2.1　牢固树立“安全第一”的思想，贯彻安全生产“五同时”原则；确立本单位安全生产目标并组织实施。

2.2.2　在新、改、扩建项目中，遵守和执行“三同时”规定，健全安全设施。

2.2.3　督促各部门车间对员工进行安全生产教育培训，使员工熟悉有关安全生产规章制度和安全操作规程。掌握本岗位的操作技能，按规定持证上岗。

2.2.4　监督考核安全生产责任目标，审批安全生产奖惩方案。

2.2.5　督促和指导各部门车间的安全生产工作，对检查中发现的安全生产隐患及时予以整改。

2.2.6　依照公司安全生产操作规程、劳动保护、治安消防等相关制度，对违章违纪事件的相关人员进行处理、处罚。

2.2.7　组织公司有关部门定期开展各种形式的安全检查，并迅速做出处理。改善劳动条件和年度安全技术措施计划，及时解决重大隐患，对本单位无力解决的重大隐患，向上级有关部门提出报告。

2.2.8　不间断地组织风险评价工作，识别与生产经营活动有关的风险和隐患。定期评审或检查风险控制结果。根据风险评价的结果，落实所选定的风险控制措施，消减风险，预防事故的发生。

2.2.9　编制企业年度安全生产费用提取比例和使用计划，对安全费用的提取与使用实施监督检查。

2.2.10　组织对公司发生的重大事故进行调查分析，按“四不放过”的原则严肃处理，并对所发生的重大事故调查、登记、统计和报告的正确性、及时性负责。

2.2.11　负责评审应急救援预案的可操作性，尤其在潜在事件和突发事故发生后的评审。

2.2.12　负责每年评审公司各项安全生产规章制度的适合性，并及时予以修订；当发生各项变更时须进行修订时可随时组织实施。

2.3　分管安全生产负责人安全生产职责

2.3.1　在总经理领导下，按照“管生产必须管安全”和“谁主管谁负责”的原则，对安全生产负分管负责。

2.3.2　贯彻执行安全生产的各项方针政策、法律、法规和本单位安全生产规章制度，履行监督管理职责。

2.3.3 参与组织制定、修订安全生产规章制度及安全操作规程。

2.3.4 组织编制安全生产规划、年度工作计划及安全技术措施计划，并认真组织实施。

2.3.5 定期组织本单位安全生产大检查，制定隐患整改方案并及时予以落实。

2.3.6 组织制定安全生产奖惩规定，开展各类安全生产竞赛活动，总结推广先进经验，奖励先进单位和个人。

2.3.7 定期组织本单位的安全教育和安全考核工作。

2.3.8 按规定组织事故调查和上报。按照“四不放过”的原则，对造成事故责任者提出处理意见。

2.3.9 定期召开安全生产会议，分析企业安全生产动态，及时解决生产过程中的安全问题。

2.3.10 认真贯彻执行国家有关劳动保护用品发放标准或规定，督促检查从业人员正确穿戴，并做好女职工与未成年工的特殊保护。

3 其他工作人员安全生产职责

3.1 安全主任安全生产职责

3.1.1 对总经理和分管安全生产负责人负责，从总体上对公司安全生产管理的实施和运行情况进行监控。

3.1.2 组织制定公司的安全生产规章制度、操作规程和安全技术措施计划，并监督检查执行情况。

3.1.3 组织车间和有关部门定期开展各种形式的安全检查，发现重大隐患，立即组织有关人员研究解决，或向主要负责人及有关部门提出报告，在上报的同时，组织制订可靠的临时安全措施。

3.1.4　负责对职工进行安全教育和培训、新人入厂职工的厂级安全教育；归口管理特种作业人员的安全技术培训和考核；组织开展各种安全活动，办好安全教育活动。

3.1.5　负责组织安全生产例会，对例会决定的事项，负责组织贯彻落实。

3.1.6　组织安全大检查。执行事故隐患整改制度，协助和督促有关部门对查出的隐患制定防范措施，检查监督隐患整改工作的完成情况。

3.1.7　深入现场监督检查，督促并协助解决有关安全问题，纠正违章作业。遇有危及安全生产的紧急情况，有权令其停止作业，并立即报告有关领导。

3.1.8　负责指导和协调设备管理部负责人建立设备管理档案，及时组织设备维修和检验，确保设备符合安全生产条件。

3.1.9　负责消防器材的计划、配备和维护管理工作。

3.1.10　负责职工劳动防护用品的发放、使用管理工作，搞好员工体检、职业病防护和健康监护工作。

3.1.11　负责各类事故汇总、统计上报工作，主管人身伤亡、火灾、爆炸事故的调查处理，参加各类报总公司事故的调查、处理和工伤鉴定，发生重大事故，组织到总公司汇报。

3.1.12　负责专业和义务消防人员的培训和管理工作，定期组织车间、部门各项安全应急救援预案的演练。

3.1.13　建立安全生产检查档案、安全应急救援练习档案，完成并保持安全生产例会会议记录。

3.2　生产经营单位职能部门负责人（车间主任）安全生产职责

3.2.1　保证国家和上级安全生产法规、制度、指示在本部门贯彻执行。把安全工作列入议事日程，做到“五同时”。

3.2.2　组织制定本部门安全管理规定、安全技术操作规程和安全技术措施计划。

3.2.3　组织对新从业人员进行部门安全教育和班组安全教育，对从业人员进行经常性的安全思想、安全知识和安全技术教育，定期组织考核，组织安全日活动，及时解决从业人员提出的正确意见。

3.2.4　组织部门或车间从业人员定期开展安全检查、危险源辨识、风险评价活动，落实隐患整改、保证设备、安全装置、消防、防护器材设施处于完好状态。

3.2.5　组织好各项安全生产活动。总结交流安全生产经验，表彰先进班组和个人。

3.2.6　严格执行有关劳保用品、保健食品、清凉饮料等的发放标准。加强防护器材的管理，教育从业人员妥善保存，正确使用。

3.2.7　坚持“四不放过”原则，对本车间发生的事故及时报告和处理，注意保护现场，查清原因，采取防范措施。对事故的责任者提出处理意见，报主管部门和厂长批准后执行。

3.3　班组长安全生产职责

3.3.1　贯彻执行公司和车间对安全生产的指令和要求，全面负责本班组的安全生产。

3.3.2　组织员工学习并贯彻执行公司、车间各项安全生产规章和安全技术操作规程，教育职工遵章守纪，制止违章行为。

3.3.3　组织并参加安全活动，坚持班前讲安全、班中查安全、班后总结安全。

3.3.4　负责对新工人（包括实习人员）进行岗位安全教育。

3.3.5　负责班组安全检查，发现不安全因素及时组织力量消除，并报告上级。发生事故立即报告，并组织抢救，保护好现场，做好详细记录，参加事故调查、分析、落实防范措施。

3.3.6　搞好生产设备、安全装备、消防设施、防护器材和急救器具的检查维护工作，使其经常保持完好和正常运行。督促教育职工合理使用劳动保护用品、用具，正确使用灭火器材。

3.3.7　搞好班组安全生产竞赛，表彰先进，总结经验。

3.3.8　抓好班组建设，提高班组管理水平。保持生产作业现场整齐、清洁，实现文明生产。

3.4　从业人员安全生产职责

3.4.1　修理工安全生产职责：

3.4.1.1　自觉遵守劳动纪律，认真执行安全管理各项规章制度，严格按照岗位安全技术操作规程实施作业。对因违规、违章操作引发的事故负责。

3.4.1.2　积极参加各级主管部门举办的专业技术培训班，提高操作技术水平，做到持证上岗。

3.4.1.3　积极参加车间安全生产教育，提高安全意识，掌握消防、安全用电知识，防止火灾和用电事故。

3.4.1.4　作业前，应做好安全防护措施，不违章作业、并劝阻或制止他人违章作业，对车主违章指挥有权拒绝执行，同时，及时向领导报告。

3.4.1.5 服从派工安排，依照汽车维护工艺规范技术要求，做到“四懂”（懂原理、懂构造、懂性能、懂工艺流程），负责保质保量完成维修任务。

3.4.1.6 按规定穿戴劳动保护用品进行作业，严格遵守设备安全操作规程，正确操作和使用各种工具、设备。

3.4.1.7 发生事故应立即报告，并如实反映情况。

3.4.2 电工安全生产职责：

3.4.2.1 认真学习和严格遵守本岗位安全生产规章制度、操作规程。对本岗位的安全生产负责。

3.4.2.2 符合汽车修理电工的资质要求，持证上岗，自觉接受安全教育和培训。

3.4.2.3 正确佩戴和使用劳保防护用品。

3.4.2.4 正确使用、精心维护、定期检测所用仪器、仪表、绝缘工具及设备。

3.4.2.5 积极参加各种安全活动，岗位技术练兵，掌握本岗位所需的安全生产知识，提高安全生产技能，增强事故预防和应急处理能力。

3.4.2.6 在本岗位范围内，要经常进行安全检查，发现事故隐患和其他不安全因素，无能力处理的，要立即向本部门领导汇报。

3.4.2.7 拒绝违章指挥，并对他人违章作业加以劝阻和制止。

3.4.2.8 发生事故应立即报告，并如实反映情况。

3.4.3 油漆工安全生产职责：

3.4.3.1 严格遵守各项安全生产规章制度和操作规程，不违章作业，对本岗位的安全生产负责。

3.4.3.2 认真执行油漆搬运、储存的安全规定，正确操作、维护设备。

3.4.3.3　熟识各类消防器具的使用，发现事故苗头，应及时进行处置，并如实向领导报告。

3.4.3.4　按规定着装上岗，正确佩戴和使用劳动防护用品，严禁带火种进入工作区。

3.4.3.5　积极参加各种安全活动，岗位技术练兵，提高安全意识和技能。

3.4.3.6　拒绝违章指挥，对他人违章作业加以劝阻和制止。

3.4.4　钣金工安全生产职责：

3.4.4.1　认真学习和严格遵守本岗位安全生产规章制度、操作规程。对本岗位的安全生产负责。

3.4.4.2　符合汽车修理钣金工的资质要求，持证上岗，自觉接受安全教育和培训。

3.4.4.3　正确佩戴和使用劳保防护用品。

3.4.4.4　正确使用各类手工具和机具设备，做好氧气瓶、乙炔瓶的安全保管，气瓶保持安全距离5m。

3.4.4.5　积极参加各种安全活动，岗位技术练兵，掌握本岗位所需的安全生产知识，提高安全生产技能，增强事故预防和应急处理能力。

3.4.4.6　在本岗位范围内，要经常进行安全检查，发现事故隐患和其他不安全因素，无能力处理的，要立即向本部门领导汇报。

3.4.4.7　拒绝违章指挥，并对他人违章作业加以劝阻和制止。

3.4.5　轮胎工安全生产职责：

3.4.5.1　严格遵守各项安全生产规章制度和本岗位操作

规程，不违章作业，对本岗位的安全生产负责。

3.4.5.2　正确操作、维护、保养机具设备。

3.4.5.3　认真按照轮胎维护作业技术要求，做好轮胎的维修作业。轮胎充气前，要做好防护保险措施。

3.4.5.4　按规定着装上岗，正确佩戴和使用劳动防护用品。

3.4.5.5　发现事故苗头，应及时进行处置，并如实向领导报告。

3.4.5.6　积极参加各种安全活动，岗位技术练兵，提高安全意识和技能。

3.4.5.7　拒绝违章指挥，对他人违章作业加以劝阻和制止。

3.5　人事主管职责

3.5.1　负责制定公司人力资源发展计划和人力资源培训计划。

3.5.2　负责公司人员的招聘工作，草拟劳动合同。负责管理劳动合同，建立各类人员人事档案以及相关管理人员、技术人员和特殊工种人员的资质档案。

3.5.3　负责建立员工培训档案，保持各类人员的培训记录。

3.5.4　负责为相关人员购买工伤保险和其他社会保险。

3.5.5　编制人员工资计划，负责每月工资考核。

3.6　设备管理员职责

3.6.1　负责生产工艺技术和设备安全管理工作，确保各项技术工作的安全可靠。

3.6.2　参与编制安全技术、设备维护检修、保养制度，对执行情况进行检查监督。

3.6.3 对员工进行生产、设备安全操作技术与安全生产知识培训。

3.6.4 每天深入现场检查安全生产和设备运行情况，发现事故隐患及时整改，制止违章作业，对不听劝阻者，有权停止作业。

3.6.5 参加设备工艺改造，操作工艺条件变更方案的审查。

3.6.6 发生安全和设备事故，及时向上级领导报告，并参加事故调查、分析。

3.6.7 负责安全生产和设备管理工作记录、资料的管理、分析、汇报。

3.7 义务消防队长安全生产职责

3.7.1 在公司和消防部门及公安机关的指导下，落实“预防为主，防消结合”的方针，搞好安全防火工作。

3.7.2 协助制定公司消防安全管理制度、消防设施设备管理制度和消防应急救援预案。

3.7.3 根据公司的生产性质、建筑结构、用火、用电物资储存等特点，区别不同情况采取不同措施，有针对性地做好安全防火工作。

3.7.4 开展防火宣传教育，管理义务消防队员。

3.7.5 负责制订公司消防设备和器材购置计划并实施。

3.7.6 搞好消防器材、设备管理，定期检查保证消防设施不受损坏。

3.7.7 定期组织义务消防队进行实战训练或演习。

3.7.8 经常进行防火检查，特别是元旦、春节、“五一”、国庆节前后，要对重点部位进行全面检查。发现不安全因素，及时解决，堵塞漏洞，消除隐患。

3.7.9　一旦发生火灾，立即报警，并组织职工扑救，并及时报告公司安全生产领导小组主管、分管安全生产负责人直至总经理，经同意后启动紧急救援预案。

3.7.10　定期向公司领导和公安机关报告安全防火工作情况，及时提出改进建议。

3.8　质量总检员安全生产职责

3.8.1　模范地遵守安全生产规章制度，熟悉各项安全技术操作规程，在检查质量的同时检查安全，对发现问题、事故隐患及时处理及时上报。

3.8.2　在公司领导下负责安全质量管理工作，解决生产环节中存在的问题，认真落实安全指令和各工种安全措施。

3.8.3　参加公司的安全检查和工伤事故的处理，针对存在的问题，从技术上提出改进措施，并督促其实现。

3.8.4　定期并及时向公司领导汇报安全工作，对安全工作提出建议或措施，并完成指定的安全工作。

3.8.5　参加公司工伤事故调查处理，并从技术上提出改进措施，督促实现。

3.9　仓库保管员安全生产职责

3.9.1　认真贯彻执行公司有关仓库安全管理制度及规定，对仓库的安全负责。

3.9.2　做好仓库的防火、防爆、防盗工作，依据有关规定做好危险品的管理。

3.9.3　对仓库的所有物品、原辅材料做到分类存放，标识清楚、布局合理、存取方便。

3.9.4　了解、熟悉仓库内物料的性质以及出现危险事故的应急处理措施。

3.9.5　准确做好材料进出仓库的账务工作和各种报表。

3.9.6　严格按照材料的验收要求做好材料验收工作，不合要求或不合格的原材物料坚决不予验收。

3.9.7　严格履行出入库手续，及时准确地记好物资账目，随时反映库存变化情况，在规定时间内办好核算、结账和有关报表。

3.10　财务部主管安全生产职责

3.10.1　负责财务部的工作，对本部门的安全工作负直接的领导责任。

3.10.2　认真贯彻执行国家有关安全生产的方针、政策、法律、法规，把围绕安全生产所要做的主要工作列入本部门工作计划，并组织实施。

3.10.3　落实提取安全生产费用并监督其合理使用。

3.10.4　根据公司领导的安排和工作需要，参加安全经济分析活动。

3.10.5　把安全管理纳入经济责任制目标考核，分析企业安全生产经济效益，支持开展安全生产竞赛活动，审核各类事故费用支出。

第三节　安全生产教育培训制度

安全生产宣传教育与培训是企业安全管理工作的重要组成部分，是从根本上杜绝人的不安全行为的重要措施，也是预防和控制事故的重要手段之一。只有做好企业的安全教育培训工作，才能保证其他安全工作和企业安全生产的顺利进行。

一、安全生产教育培训的必要性

造成事故多发的原因有方方面面的原因，有人的不安全行为和物不安全状态的直接原因，有管理上的间接原因，有历史的原因、有发展中的原因，更有经济增长方式落后、行业管理弱化、监管体制机制不完善、安全欠账严重等深层次原因，其中最关键的还是人的因素。据国内外的统计分析资料，90%以上的事故是由人的不安全行为造成的，这些不安全行为具体表现为安全知识不够，安全意识不强，安全习惯不良。由此可见，学习安全知识，增强安全意识，改善安全习惯最有效的手段就是强化安全教育培训，构建安全生产培训体系，把培训工作纳入法制化、规范化轨道，是非常必要的。

二、建立健全安全生产教育培训制度的目的

2013 年，国家安全生产监督管理总局发布《生产经营单位安全培训规定》（安监总局 2013 年第 63 号令）。其目的在于，加强和规范生产经营单位安全培训工作，有效提高从业人员安全素质，防范伤亡事故，减轻职业危害。汽车维修企业只有通过开展安全生产教育培训活动，在员工中牢固树立“安全第一”的思想，提高全体员工的安全生产意识，使员工了解职业活动的潜在风险，懂得安全生产的基本知识，掌握预防职业危害的方法，以提高全体员工的自我保护和保护他人意识，才能确保企业安全生产。

三、安全生产教育培训的实施

1. 建立制度

企业应当按照安全生产法和有关法律、行政法规的规定，建立健全安全培训工作制度，开展教育培训工作。

（1）培训条件。具备安全培训条件的生产经营单位，应当以自主培训为主，对从业人员进行安全培训。不具备安全培训条件的生产经营单位，应当委托具备安全培训条件的机构，对从业人员进行

安全培训。

（2）合格上岗。生产经营单位从业人员应当接受安全培训，熟悉有关安全生产规章制度和安全操作规程，具备必要的安全生产知识，掌握本岗位的安全操作技能，增强预防事故、控制职业危害和应急处理的能力。未经安全生产培训合格的从业人员，不得上岗作业。

新从业人员、实习人员必须经“三级”安全教育培训后，方可上岗；转岗人员在上岗前，必须进行安全教育培训；新技术、新工艺、新设备、新材料在使用前，必须进行安全教育培训。

对从事焊接、喷涂等特殊工种人员，必须进行专业安全技术培训，经有关部门严格考核并取得《特种作业人员操作证》后，才能准其独立操作。

2. 明确范围

汽车维修企业应当进行安全培训的从业人员包括主要负责人、安全生产管理人员、特种作业人员和其他从业人员。

（1）汽车维修企业主要负责人和安全生产管理人员。汽车维修企业主要负责人和安全生产管理人员应参加当地安全监督部门组织的安全培训，使其具备与所从事的生产经营活动相适应的安全生产知识和管理能力。主要负责人是指有限责任公司或者股份有限公司的董事长、总经理，其他生产经营单位的厂长、经理等。安全生产管理人员是指生产经营单位分管安全生产的负责人、安全生产管理机构负责人及其管理人员，以及未设安全生产管理机构的生产经营单位专、兼职安全生产管理人员等。

（2）特种作业人员。特种作业人员，必须按照国家有关法律、法规的规定，接受专门的安全培训，经考核合格，取得特种作业操作资格证书后，方可上岗作业。

（3）其他从业人员。其他从业人员在上岗前必须经过企业、车间、班组“三级”安全培训教育，保证其具备本岗位安全操作、应急处置等知识和技能。其他从业人员是指除主要负责人、安全生产管理人员和特种作业人员以外，本单位从事生产经营活动的所有人员，包括其他负责人、其他管理人员、技术人员和各岗位的工人以及临时聘用的人员。

（4）岗位变动。从业人员在企业内调整工作岗位或离岗一年以上重新上岗时，应当重新接受车间和班组级的安全培训。

（5）“四新”。企业实施新工艺、新技术或者使用新设备、新材料时，应当对有关从业人员重新进行有针对性的安全培训。

3. 遵循大纲

生产经营单位主要负责人和安全生产管理人员的安全培训必须依照安全生产监管监察部门制定的安全培训大纲实施。企业其他从业人员的安全培训应依据有关规定，制定具体实施方案，本着“全面、精干、实用”的原则，采取灵活多样的教育培训形式。如课堂学习、专题讲座、实地参观、操作演练、技能比赛、观看录像、研讨交流、现场示范，以及开办专栏、板报、广播、知识竞赛等，不断提高培训工作的针对性和实效性。

四、安全生产教育培训的内容

1. 基本内容

安全生产教育培训的内容包括思想、法规和安全技术等内容，如，安全基础知识、现代安全理论及科研成果、安全生产防护操作、消防基础知识、劳动卫生知识、环境保护知识、救护知识等。

2. 企业主要负责人安全培训内容

（1）国家安全生产方针、政策和有关安全生产的法律、法规、规章及标准；

（2）安全生产管理基本知识、安全生产技术、安全生产专业知识；

（3）重大危险源管理、重大事故防范、应急管理和救援组织以及事故调查处理的有关规定；

（4）职业危害及其预防措施；

（5）国内外先进的安全生产管理经验；

（6）典型事故和应急救援案例分析；

（7）其他需要培训的内容。

3. 企业安全生产管理人员安全培训内容

（1）国家安全生产方针、政策和有关安全生产的法律、法规、规章及标准；

（2）安全生产管理、安全生产技术、职业卫生等知识；

（3）伤亡事故统计、报告及职业危害的调查处理方法；

（4）应急管理、应急预案编制以及应急处置的内容和要求；

（5）国内外先进的安全生产管理经验；

（6）典型事故和应急救援案例分析；

（7）其他需要培训的内容。

4. 其他从业人员安全培训内容

（1）企业级岗前安全培训内容应当包括：

①本单位安全生产情况及安全生产基本知识；

②本单位安全生产规章制度和劳动纪律；

③从业人员安全生产权利和义务；

④有关事故案例等；

⑤危险货物运输车辆维修企业级安全培训除应当增加事故应急救援、事故应急预案演练及防范措施等内容。

（2）车间级岗前安全培训内容应当包括：

①工作环境及危险因素；

②所从事工种可能遭受的职业伤害和伤亡事故；

③所从事工种的安全职责、操作技能及强制性标准；

④自救互救、急救方法、疏散和现场紧急情况的处理；

⑤安全设备设施、个人防护用品的使用和维护；

⑥本车间安全生产状况及规章制度；

⑦预防事故和职业危害的措施及应注意的安全事项；

⑧有关事故案例；

⑨其他需要培训的内容。

（3）班组级岗前安全培训内容应当包括：

①岗位安全操作规程；

②岗位之间工作衔接配合的安全与职业卫生事项；

③有关事故案例；

④其他需要培训的内容。

五、安全生产教育培训的学时要求

《生产经营单位安全培训规定》对不同岗位人员的安全生产教育培训学时有不同要求。

（1）企业主要负责人和安全生产管理人员。汽车维修企业主要负责人和安全生产管理人员初次安全培训时间不得少于32学时。每年再培训时间不得少于12学时。其中，危险货物运输车辆维修企业主要负责人和安全管理人员的资格培训学时不得少于48学时，每年再培训时间不得少于16学时。

（2）新从业人员。汽车维修新从业人员的资格培训学时不得少于24学时，危险货物运输车辆维修企业新上岗的从业人员安全培训时间不得少于72学时，每年接受再培训的时间不得少于20学时。

六、安全生产教育培训档案

企业应建立健全从业人员安全培训档案，详细、准确记录培训考核情况，由考核人员和从业人员签字后妥善保存。

每次安全生产教育培训结束时，均应将培训计划、培训名单、课程表等有关资料存入企业安全生产教育培训档案。

七、安全生产教育培训制度案例

安全生产教育培训制度

1　目的

为增强本厂员工的安全意识，提高安全素质，杜绝或减少事故的发生，规范安全教育培训工作，根据公司有关规定并结合实际情况，特制定本制度。

2　适用范围

本制度适用于公司所有员工。

3　内容与要求

3.1　公司负责人、安全管理人员应按照国家有关规定要求，参加政府和行业主管部门的安全生产教育培训和继续教育培训活动，并经考核合格后方可任职。

3.2　新上岗的员工必须经过厂、车间和班组三级岗前安全教育，并经考试合格后，方可进入生产岗位工作。新员工安全培训时间不得少于24学时，每年接受再培训的时间不得少于20学时。

3.3　厂级安全教育由安全生产领导小组负责，厂级岗前安全培训主要内容有：

3.3.1　本单位安全生产情况及安全生产基本知识。

3.3.2　本单位安全生产规章制度和劳动纪律。

3.3.3　从业人员安全生产权利和义务。

3.3.4　事故应急救援及防范措施。

3.3.5　有关事故案例等。

3.4　车间级安全培训由车间负责，车间（部门）级岗前安全培训主要内容有：

3.4.1　工作环境及危险因素。

3.4.2　所从事工种可能遭受的职业伤害和伤亡事故。

3.4.3　所从事工种的安全职责、操作技能及强制性标准。

3.4.4　急救方法。疏散和现场紧急情况处理。

3.4.5　安全设备设施、个人防护用品的使用和维护。

3.4.6　本车间（部门）安全生产状况及规章制度。

3.4.7　预防事故和职业危害的措施及应急注意的安全事项。

3.4.8　有关事故案例等。

3.5　班组级安全培训由各车间按实际情况进行，由安全员或班长负责，班组级岗前安全培训主要内容有：

3.5.1　岗位安全操作规程。

3.5.2　岗位之间工作衔接配合的安全与职业卫生事项。

3.5.3　有关事故案例。

3.5.4　其他需要培训的内容。

3.6　本厂员工在厂内调动工作岗位时，接收部门应对其进行二、三级安全教育，经考试合格后，方可从事新岗位工作。

3.7　凡从事特殊工种作业的人员，应按国家有关要求进行专业性安全技术培训，经考试合格，取得特殊作业操作证后方可上岗，并定期参加复审。除取得特种作业人员操作证外，还必须取得本企业的安全作业证。

3.8　在新工艺、新技术、新装置、新产品投产前，主管部门应组织编制新的安全技术操作规程，并进行专业培训。有关人员经考试合格方可上岗操作。

3.9　脱离岗位（如产假、病假、学习、外借）6 个月以上重返岗位的操作人员，由车间负责进行岗位复工安全教育。

3.10　各部门、车间每年检修期间应对本部门培训需求情况进行识别，填制培训需求计划，并组织实施。

3.11　安全作业证是职工独立作业的资格凭证，其发放范围限于企业直接从事独立作业的所有人员。

3.12　事故教育主要内容有：

3.12.1　对违章、违纪作业造成事故或未遂事故的人员应停止工作进行安全培训学习。

3.12.2　发生重大事故和恶性未遂事故后，企业主管部门要组织有关人员进行现场培训学 习，吸取事故，防止类似事故重复发生。

3.12.3　预防事故的措施及发生事故后应采取的紧急措施。

3.13　建立安全活动日和班前班后会上检查安全生产情况等制度，对职工进行经常性教育。并根据不同的时期，进行各种各样的安全生产宣传、教育、竞赛活动。主要包括以下各项内容：

3.13.1　总结近期安全生产工作情况，找出存在的问题，提出近期安全生产工作中应逐一解决的问题。

3.13.2　检查贯彻有关安全生产规章制度和措施的落实情况。

3.13.3　分析查找部门、班组安全事故的隐患，并制定整改措施。

3.13.4　表扬好人好事，总结推广安全生产工作的先进经验。

3.14　安全生产领导小组定期对安全教育制度执行情况进行检查，检查主要内容：会前有否安排，参加有否签到，发言有否记录，缺席有否补课，会后有否汇报。

第四节　安全生产检查制度

汽车维修企业必须建立和健全安全生产检查制度，坚持开展班组、车间、管理部门分级检查和定期、不定期的重点检查，以及群众性检查相结合的安全生产检查，及时发现和纠正违章行为，消除生产安全事故隐患，并作为不断改进企业安全生产工作的依据。

一、检查周期

通常情况下，专业性安全生产检查每年进行 1 次，车间安全生产检查每月 1 次，班组安全生产检查每周 1 次，例行性安全生产检查每日进行。综合检查依据安全生产工作需要具体安排，季节性检查根据气候变化，适时进行。

二、检查内容与方式

1. 生产岗位安全检查

员工每天操作前，对自己的岗位或者将要进行的工作进行自检，确认安全可靠后才进行操作，检查内容是：

①设备的安全状态是否完好，安全防护装置是否有效；

②安全措施是否落实；

③使用的设备、工具是否符合安全规定；

④作业场地与物品的摆放是否符合安全规范；

⑤个人防护用品、用具是否准备齐全可靠；

⑥安全生产操作要领、操作规程是否明确。

2. 日常安全生产检查

安全部门负责人负责，深入生产现场巡视和检查安全生产情况，并将检查情况及时通知受检部门，检查内容是：

①是否有职工反映安全生产存在的问题；

②职工是否遵守劳动纪律，是否遵守安全生产操作规程；

③生产场所是否符合安全要求；

3. 班组安全生产检查

班组长组织，检查内容是：

①生产岗位安全检查是否完成；

②设备运行是否正常；

③劳动防护用品使用是否正确；

④维修工作是否正常。

4. 车间安全生产检查

车间负责人组织，检查内容是：

①前次查出的隐患是否排除；

②设施设备是否存在安全隐患；

③安全生产记录是否完整；

④安全生产新动向。

5. 专业性安全生产检查

主要由企业组织，对电气设备、机械设备、危险物品、消防设施、防尘防毒、防暑降温、厨房、员工宿舍等，分别进行检查。

三、检查记录

各类各项安全生产检查，都必须建立健全记录，载明检查时间、地点（部位）、发现的问题和处置意见，并有检查人签字，存档备查，并完好保存3年以上。

四、事故隐患整改

安全生产工作重在落实。对于安全生产检查发现的不安全因素，一是必须限时、定部门整改，定期复查，直到消除或确信已得到有效控制，尽可能将事故的因素消灭在萌芽状态；二是根据隐患对系统安全影响的严重程度进行分析，制定隐患治理方案，防止其发展蔓延，有的放矢地提高企业安全生产管理水平和能力。

隐患治理方案应包括目标和任务、方法和措施、经费和物资、机构和人员、时限和要求。重大事故隐患在治理前，应采取临时控制措施并制定应急预案。隐患治理措施包括工程技术措施、管理措施、教育措施、防护措施和应急措施。治理完成后，应对治理情况进行验证和效果评估。

五、安全生产检查制度案例

安全生产检查制度

1　目的

为加强企业安全生产的监督检查管理，“安全第一、预防为主；控制风险、综合治理；平安和谐、持续改进”的方针，树立“管生产必须管安全”的原则，防止伤亡和其他安全生产事故的发生，切实保证生产安全的顺利进行，依据有关规定，特制定本安全监督检查管理制度。

2　适用范围

本公司所有部门和人员。

3　职责

3.1　公司总经理负总责。

3.2　安全生产分管领导直接负责。

3.3　安全生产领导小组负责具体实施。

4　监督检查主要内容

4.1　监督检查落实企业安全生产主体责任情况。

4.1.1　监督检查企业主要负责人、分管负责人、安全生产管理人员、各岗位安全生产责任制建立及落实情况。制定明确的各岗位安全工作职责，并上墙公布。

4.1.2 督检查公司与各职能部门签订安全生产管理责任状，与从业人员签订安全生产责任书。

4.1.3 监督检查配备必要的专兼职安全生产管理人员情况。

4.1.4 监督检查安全生产经费的投入情况。

4.1.5 监督检查建立健全安全生产目标责任制度、安全生产目标奖惩制度、安全生产操作规程、安全生产检查、从业人员和设施设备安全生产管理等安全生产管理制度；并进行认真落实的情况。

4.2 监督检查从业人员的资质。

4.2.1 监督检查从业人员的聘用审核和安全生产管理情况，检查从业人员管理基础档案，实行“一人一档”情况。

4.2.2 监督检查从业人员的记分管理情况，要对情节严重、素质差，安全意识不强经常出事故的从业人员进行解聘，提高从业人员整体素质。

4.2.3 监督检查建立行业自律，禁止少数素质低下、信用不良的从业人员再次进入本行业经营的情况。

4.3 监督检查设施设备安全生产管理情况。

4.3.1 监督检查设施设备的维护保养状况。

4.3.2 监督检查设施设备档案管理制度的落实。

4.4 监督检查生产安全的严重违法行为的处理情况，监督做好从业人员违反安全生产行为的记录情况。

4.5 监督检查安全基础工作及宣传教育培训情况。企业主要负责人、安全管理人员、特种作业人员的持证上岗情况和从业人员的教育培训情况，以及安全宣传、劳动组织、用工等情况。

4.6 监督检查对事故按照“四不放过”和“依法依规、实事求是、注重实效”的原则组织事故调查处理的情况；监督检查严格责任追究，落实防范措施，加强安全事故教育的情况。

4.7 监督检查开展安全生产隐患排查整改的落实情况和安全隐患排查治理信息统计分析和报送情况。

4.8 监督检查应急机构和应急队伍建设情况；建立和完善生产安全事故的预防、预警、预报应急机制情况。

4.9 监督检查企业安定稳定情况和防火、防爆、防毒、防尘、防盗等治安安全情况。

第五节　安全事故应急预案

加强应急管理，是关系国家经济社会发展全局和人民群众生命财产安全的大事，是全面落实科学发展观、构建社会主义和谐社会的重要内容。应急预案是针对可能发生的事故，为迅速、有序地开展应急行动而预先制定的行动方案。企业安全生产事故应急预案是国家安全生产应急预案体系的重要组成部分。为了规范生产安全事故应急预案的管理，完善应急预案体系，增强应急预案的科学性、针对性、实效性，国家安全生产监督管理总局发布了《生产安全事故应急预案管理办法》（总局令 2009 年第 17 号）。制订安全生产事故应急预案是规范生产经营单位应急管理工作，提高应对风险和防范事故的能力，保证职工安全健康和公众生命安全，最大限度地减少财产损失、环境损害和社会影响的重要措施。

随着科学技术的发展，汽车维修种类越来越多，维修工艺越来越复杂，工艺条件要求越来越高，同时潜伏的危险性也就越来越大，对安全生产的要求也越来越高。这就更要对生产中工艺操作、设备运行、人员操作等过程中的危险进行超前预测，科学预防，从而有效地避免事故的发生。

一、提高认识，进一步加强应急预案管理工作

近几年来，各行各业安全生产应急预案编制工作从无到有、从不规范到规范，有了很大的发展。特别是一些高危行业和规模以上企业的应急预案，在科学性、针对性和可操作性上基本满足了事故应急救援的要求，为减少人民生命和国家财产重大损失发挥了积极作用。但是，预案不规范、针对性差、操作性不强等问题还普遍存在，特别是汽车维修企业，多数规模偏小，不少企业还没有制定安全生产应急预案。因此，必须进一步加强安全生产应急预案管理工作，切实解决应急预案“有没有”、“好不好用”、“管不管用”的问题。

应急管理是一项系统工程，企业的组织体系、管理模式、风险大小以及生产规模不同，应急预案体系构成不完全一样。企业应结合本单位的实际情况，分别制订相应的应急预案。这一点，对于危险品运输车辆维修企业尤为重要。

二、执行制度，进一步规范应急预案管理工作

应急预案管理要按照安全生产监管部门的规定，执行“制定、评审、演练、备案”制度。

1. 制定

按照国家的有关要求，所有生产经营单位必须制订应急预案，没有制定的要抓紧制订，已制定的要不断完善。编制应急预案要以国家安全监督管理总局颁布的《生产经营单位安全事故应急预案编制导则》（AQ/T 9002—2006）为标准，结合本单位实际，充分分析和认识危险性和脆弱性，制定科学、实用的操作规范，保证应急预案的编制质量。

2. 评审

应急预案必须经过评审后发布实施。评审可采取内部评审或专家评审的方式进行。

3. 演练

应急预案要进行演练。企业应组织生产安全事故应急演练，并对演练效果进行评估。根据评估结果，修订、完善应急预案，改进应急管理工作。汽车维修企业每年至少组织一次演练，危险货物运输车辆维修企业至少每半年组织一次演练，要把功能演练和综合演练相结合、平时岗位演练和集中演练相结合，实现演练的经常化、制度化，不断提高预案的可操作性和实用性。

4. 备案

应急预案要向当地安全生产监管部门备案，并报当地道路运输管理机构。

三、注重效果，进一步提高应急预案编制质量

在制订应急预案前，首先应对企业生产现状进行危险辨识与风险评价。危险因素是指能够对人造成伤亡对物造成损失的因素；有害因素是指能够影响人的身体健康，导致疾病或对物造成损害的因素，通常两者不做严格区分。危险有害因素的辨识，是企业编制应急救援预案的前提和基础。通过辨识确认危害的存在及其特性，评估可能发生的事故后果。

编制应急预案必须考虑企业的现状和需求，在事故风险分析的结果上，大量收集和参阅已有的应急资料，以尽可能地减少工作环节。完整的应急预案应包括以下内容：

1. 方针与原则

制订应急救援预案的目的是快速、有序、高效地控制紧急事件的发展，将事故损失减小到最低程度。应急救援体系首先必须有明确的方针与原则，作为开展应急工作的纲领。方针与原则反映应急

救援工作的优先方向、政策、范围和总体目标，应急的策划和准备、应急策略的制订和现场应急救援及恢复，都应围绕方针和原则开展。

应急救援工作是在预防为主的前提下，贯彻统一指挥，分级负责，区域为主，单位自救和社会救援相结合的原则。应急救援也是预防事故的重要组成部分，主动落实好救援工作的各项准备措施，做好预先有备，一旦发生事故就能及时实施补救，最大限度地减少人员伤亡和财产损失。

2. 应急策划

应急预案最重要的特点是针对性和可操作性。因此，应急策划必须明确预案的对象和可用的应急资源情况，深刻分析评价潜在事故类型及其性质、区域、分布、危害程度。根据分析评价的结果，评估企业中应急救援的力量和资源情况，为应急准备提供建设性意见，做到应急管理责任明确，应对措施正确有效，应急响应及时迅速，应急资源准备充分。

职业健康安全事故主要分为职业伤害事故与职业病二大类。国家标准《企业职工伤亡事故分类标准》（GB 6441—1986）将企业职工职业伤害事故分为：物体打击、车辆伤害、机械伤害、起重伤害、触电、淹溺、灼烫、火灾、高处坠落、坍塌、冒顶片帮、透水、放炮、火药爆炸、瓦斯爆炸、锅炉爆炸、容器爆炸、其他爆炸、中毒和窒息、其他伤害等 20 类。职业病为尘肺、职业性放射性疾病、职业中毒、物理因素所致、生物因素所致、皮肤病、眼病、耳鼻喉口腔疾病、肿瘤、其他职业病等 10 大类共 115 种。

此外，国家标准《生产过程危险和有害因素分类与代码》（GB/T 13861—2009）规定了生产过程中各种主要危险和有害因素的分类和代码。从中可知，汽车维修过程中主要危险和有害因素在物的大类中，既有物理性的，也有化学性的，如电伤害、噪声、运动物伤害、明火、易燃液体、腐蚀品、粉尘等。

应急策划时，还应列出国家、地方相关的法律法规，作为制订预案的依据。因此，应急策划包括危险分析，应急能力、评估和法律法规3个要素。

3. 应急准备

应急准备是应急策划的结果，要明确所需要的应急组织及其职责权限，应急队伍建设和人员培训，应急物资的准备、预案的演习、员工应急知识培训和签订必要的互助协议等。

1）组织准备

应急救援领导机构负责事故现场应急的指挥工作，进行应急任务分配和人员调度，有效利用各种应急资源，保证在最短时间内完成对事故现场的应急行动。企业应建立群众性义务消防组织，立足自救，加强岗位教育和防火、灭火知识的学习和训练，增强自防自救能力。

2）措施准备

工作前，应制订好防止发生事故所采取的预防措施；可能发生事故现场应配备的器材；发生事故时的应急对策及信息传递。根据作业场所、储存、使用物品的数量、品种的不同，配备足够数量、种类的应急器材。应急器材要定时检查，做好标识、防止失效，检查要有检查记录。救援器材及设备包括灭火器、灭火机等消防器材，固定电话、移动电话、对讲机等通信设备，救援的用车，以及止血带、颈托、担架等急救药品及器械。

4. 应急响应

企业的应急响应能力，体现在应急救援过程中的核心功能和任务。这些核心功能具有一定的独立性、关联性，构成应急响应的整体，共同完成应急救援的目的。应急响应的核心功能和任务包括：接警与通知、指挥与控制、警报与紧急公告、通信、事态监测与评估、警戒与治安、人群疏散与安置、医疗与卫生、公共关系、应急人员安全、消防和抢险、泄漏物控制等。

生产现场发生重大事故后，应立即组织人员抢救，事故岗位人员立即向车间（班组）报告。必要时可越级向上报告。企业应在24小时内写出书面报告，内容包括事发时间、地点、工程项目、简要经过、伤亡人数和直接经济损失的初步估计及发生原因的初步判断，向当地安全生产监督管理部门、交通运输行政主管部门及时如实报告。同时，应立即组织自救队伍，按事先制定的应急方案立即自救，注意疏通事故发生现场道路，设置警戒线，疏散无关人员到安全地带，保证救援工作顺利进行，必要时可截断电源、可燃气体（液体）的输送，排除险情，防止事故扩大和蔓延，力求将损失减少至最低程度；若事态情况严重，遇到威胁人身安全情况时，应首先确保人身安全，迅速组织人员脱离危险区域或场所后，再采取急救措施；事态难以控制和处理，应立即向专业救援队伍求救。在发生人员伤亡或火警等，根据事故严重程度，必要时应分别在第一时间直接打电话报120急救中心和119火警救助。还要注意保护好事故现场。因抢救需要移动现场部分物品时，应做出标志，绘制事故现场图，并详细记录，妥善保管有关证物，为调查分析事故原因，提供真实的证据。

5. 应急现场恢复

现场恢复是事故发生后期的处理工作，包括泄漏物的污染处理、伤员救助、保险索赔、死者抚恤、生产程序恢复等一系列问题。

在事故发生后，对预案不适宜的部分进行修改和完善，以适应企业应急工作的需要。

四、安全事故应急预案案例

安全事故应急预案

1 总则

1.1 目的

为贯彻落实“安全第一、预防为主”的方针，积极应对安全生产事故，及时、高效、有序地开展事故应急工作，最大限度地减少人员伤亡和财产损失，保障人民群众生命安全，维护经济发展和社会稳定。

1.2 编制依据

《中华人民共和国安全生产法》、《中华人民共和国消防法》、《生产经营单位安全生产应急预案编制导则》、《国家安全生产事故灾难应急预案》。

1.3 适用范围

此预案适用于本汽车修理服务企业内发生的突发事件得应对工作和事故的预防和处理。

1.4 应急预案体系

本预案体系为单位应急综合预案、火灾事故、电气设备事故、职业中毒专项预案和受伤人员抢救现场处置方案。

1.5 应急工作原则

以人为本、预防为主；加强管理、分级负责；整合资源、协同应对。

2 本厂可能发生的安全生产事故

危险源与风险分析。本单位是汽车修理的单位，厂内有待修理汽车，用于车辆修理的汽油、油漆等易燃材料。以上设备、设施、原材料在人员疏忽、操作失误的情况下，可发生火灾事故和职业中毒事故。

3　组织机构及职责

3.1　应急组织体系（图2-4）

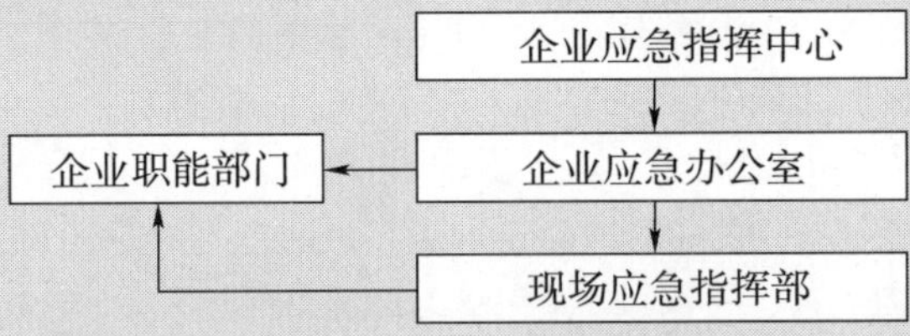

图2-4　应急组织体系

3.2　指挥机构及职责

3.2.1　公司应急指挥中心。

总指挥：（总经理）组织本单位应急救援。

副总指挥：（副总经理）协助总指挥负责应急的具体指挥工作。当正职休假、开会等外出时副职承担正职承担的责任。

成员：各职能部门负责人。

3.2.2　应急办公室。

3.2.2.1　挥挥中心下设应急办公室，应急办公室设在总经理办公室。安排24小时接警，接受当地应急救援指挥中心领导向其请示，并落实其指令。

3.2.2.2　发布应急预案启动和终止指令。组织指挥应急队伍实施救援行动。

3.2.2.3　负责向当地应急救援指挥中心报告求援，组织事故调查、总结应急抢救经验教训。

3.2.2.4　负责本单位预案的制订、修订；组建应急队伍，组织实施和演练。

3.2.2.5　督促做好重大事故的应急措施和应急抢救的各项准备工作。

4　预防与预警

4.1　危险源监控

4.1.1　车间监控汽油中毒、火灾。

4.1.1.1　汽油、机油存放使用。

4.1.1.2　安全操作规程执行情况。

4.1.1.3　现场火源控制。

4.1.2　危险监控。

4.1.2.1　定期对作业场所进行有毒有害气体进行检测。

4.1.2.2　制定有效的安全操作规程，防止误操作造成职业中毒。

4.1.2.3　企业对从事有毒有害的操作人员要定期进行体检。配发合格的劳动防护用品。

4.2　预警行动

企业各主管部门及相关部门获悉可能导致发生安全生产事故的信息后，及时研究解决方案，同时本单位相关部门进入预警状态，控制事故的发生和扩大。

4.3　信息报告

4.3.1　应急办公室24小时应值守电话：××××××××，××××××××××××。

4.3.2　事故发生后，现场人员及时向企业应急指挥中心办公室报告。如遇重大事故可直接向应急指挥中心总指挥或副总指挥报告。

4.3.3　应急指挥中心办公室值班人员接报后，向公司总指挥或副总指挥报告。

4.3.4　公司领导接到企业报警，应及时向街道（地区）办事处报告，报告采取先口头报后书面。报告的主要内容为事故发生单位概况、事故发生的时间、地点以及事故现场情况；事故的简要经过；事故已经造成或者可能造成的伤亡人数（包括下落不明的人数）和初步估计的直接经济损失；已经采取的措施；其他应当报告的情况。

5　应急响应

5.1　响应程序

5.1.1　现场人员在力所能及的范围内实施扑救，并报企业应急指挥中心办公室。

5.1.2　企业不可控制的事故立即报告当地应急救援指挥中心。

5.2　火灾事故应急响应

5.2.1　应急处置基本原则。

应急坚持统一指挥，一般性火灾事故，应分区域负责，企业自救，较大火灾事故请求社会救援。在实施抢险中，应急抢救人员按照预案所设定的分工任务实施扑救，使可能引起的紧急情况不蔓延扩大，尽可能及时扑救火灾，减少火灾对人、财产和环境所产生的不良影响。

5.2.2　火情处置程序。

5.2.2.1　报警：所有员工应熟悉报警程序，发现事故征兆，如电源线产生火花，某个部位有烟气，异味等。现场第一发现人员应立即报告值班领导（负责人）按报警器报警，现场人员应进行自救、灭火、防止火情广大。

5.2.2.2　接报：值班领导（负责人）消防中控室值班人员接报后，携带应急包应立即赶赴事故现场了解情况，组织人员进行自救灭火。并报告企业负责人或应急指挥部，做好现场应急抢救处置工作。

5.2.2.3　火情已被扑灭，应做好现场保护工作，待有关部门了解情况调查火情事故完毕后，经同意做好事故现场的清理工作。

5.2.2.4　事故现场继续蔓延扩大，应急处置指挥人员应立即启动，应急处置预案（方案），做好事故现场应急处置指挥，通知各应急小组快速集结，快速反应履行各自职责投入应急行动，在短时间内扑灭火源或及时抢救受伤人员得到有效救治。

5.2.2.5　按指挥人员要求，通讯联络组向公安消防机构报火警，及向有关部门报告，派人接应消防车辆，并随时与现场应急指挥部联系。

5.2.2.6　各灭火小组在消防人员到达事故现场之前，应继续根据不同类型的火灾，采取不同的灭火方法，加强冷却，撤离周围易燃可燃物品等办法控制火势。在有可能形成有毒或窒息性气体的火灾时，应佩戴隔绝式氧气呼吸器或采取其他措施，以防灭火人员中毒，消防人员到达事故现场后，听从指挥积极配合专业消防人员完成灭火任务。

5.2.2.7　疏散组应通知引导各部位人员尽快疏散，通知到应撤离火灾现场的所有人员。在烟雾弥漫中，要用湿毛巾掩鼻，低头弯腰逃离火场。

5.2.2.8　物资抢救组做好物资抢救工作。

5.2.2.9　现场保卫组做好火灾现场的警戒保卫工作。

5.2.2.10　火灾现场指挥人员随时保持与各小组的通信联络，根据情况可互相调配人员。

5.2.2.11　进行自救灭火，疏导人员、抢救物资、抢救伤员等，抢救行动时，应注意自身安全，无能力自救时各组人员应尽快撤离火灾现场。

5.2.3　电气设备着火处置措施。

5.2.3.1　电气设备着火，灭火人员应充分利用现有的消防设施，装备器材投入灭火战斗。

5.2.3.2　及时疏散事故现场有关人员及抢救疏散着火源

周围的物资。

5.2.3.3　电线、电气设置着火，应首先切断供电线路及电气设备电源。

5.2.3.4　着火事故现场由熟悉带电设备的技术人员负责灭火指挥或组织消防灭火组进行扑灭电气火灾。

5.2.3.5　扑救电气火灾，可选用卤代烷1211灭火器和干粉灭火器、二氧化碳灭火器。不得使用水、泡沫灭火器灭火。

5.2.3.6　电气设备着火时，灭火人员应穿绝缘鞋、戴绝缘手套，防毒面具等措施加强自我保护。

5.2.3.7　公安消防队到达后，协同配合公安消防队灭火抢险。

5.2.4　受伤人员的处置。

5.2.4.1　被救人员衣服着火时，可就地翻滚，用水或毯子、被褥等物覆盖措施灭火，伤处的衣、裤、袜应剪开脱去，不可强行撕拉，伤处用消毒纱布或干净棉布覆盖，并立即送往医院救治。

5.2.4.2　对烧伤面积较大的伤员要注意呼吸，心跳的变化，必要时进行心脏复苏。

5.2.4.3　对有骨折出血的伤员，应作相应的包扎，固定处理，搬运伤员时，以不压迫伤面和不引起呼吸困难为原则。

5.2.4.4　可拦截过往车辆，将伤员送往附近医院进行抢救救治。

5.2.4.5　抢救受伤严重或在进行抢救伤员的同时，应及时拨打急救中心电话，由医务人员进行现场抢救伤员的工作，并派人接应急救车辆。

5.3　扩大响应

5.3.1　火灾事故发生后，企业应组织各方力量进行火灾的扑救和控制火势蔓延，并拨打119火警电话，请求专业消防队进行救援。

5.3.2　抢救伤员可拨打急救中心电话，请求医务人员进行救护。

5.3.3　专业部门到达现场，主动介绍情况。指挥权上移后，应积极配合参与火灾事故的应急处置工作。

5.3.4　应向其他有关部门请求支援。

5.4　急性职业中毒

5.4.1　危害程度分析。

5.4.1.1　急性职业中毒事件是指在生产过程中，从事职业活动的工作人员一次或短时间大量接触外源性化学物，造成机体功能性或器质性损伤，甚至危及生命而引起职业人群中毒的事件。

5.4.1.2　设备方面。

a. 没有密闭通风排毒设备；

b. 密闭通风排毒设备效果不好；

c. 设备检修或抢修不及时；

d. 因设备故障、事故引起的跑、冒、滴、漏或爆炸。

5.4.1.3　人员方面。

a. 没有个人防护用品；

b. 不使用或不当使用个人防护用品；

c. 缺乏安全知识；

d. 过度疲劳或其他不良身体状态；

e. 有从事有害作业的禁忌证。

5.4.1.4　安全管理方面。

a. 没有安全操作规程；

b. 违反安全操作制度或执行不当；

c. 没有安全警告标志或保障装置；

d. 缺乏必要的安全监护。

5.4.1.5　大量吸入高浓度的苯、甲苯、二甲苯、汽油、应急处置基本原则。

安全脱离现场。发生急性职业中毒的生产环境空气中常含有高浓度的毒物，因此任何人都不能毫无防护地贸然进入，否则必然造成更大伤亡。应该先打开该有毒环境的门窗，并用电风扇等进行充分的通风，以降低毒物浓度并送入新鲜空气；然后，救护员佩戴好有效的防毒面具或供气（氧）式呼吸器，携带救护绳等进入该有毒环境，以便保护自己并把中毒者能够安全地抢救到新鲜空气中。

如果现场没有防毒面具等，救护员只能在该中毒环境已经有适当通风的情况下才可进入，以利安全。对于水溶性毒物如常见的氯、氨、硫化氢等，救护员可以在口鼻上罩上一层湿毛巾，吸足气后屏气进入中毒环境进行短时间的紧急抢救。

5.4.2　职业中毒现场处置

5.4.2.1　为能迅速有效处理急性职业中毒，控制或减轻急性职业中毒造成的不良后果，应及时向有关部门报告，对急性职业中毒患者或疑似患者进行救治。

5.4.2.2　事故应急响应流程图（图2-5）

5.5　应急结束

5.5.1　应急结束的条件。

5.5.1.1　事故已得到控制，没有导致次生、衍生的事故隐患。

5.5.1.2　没有被困人员，事故现场人员已疏散到安全地带。

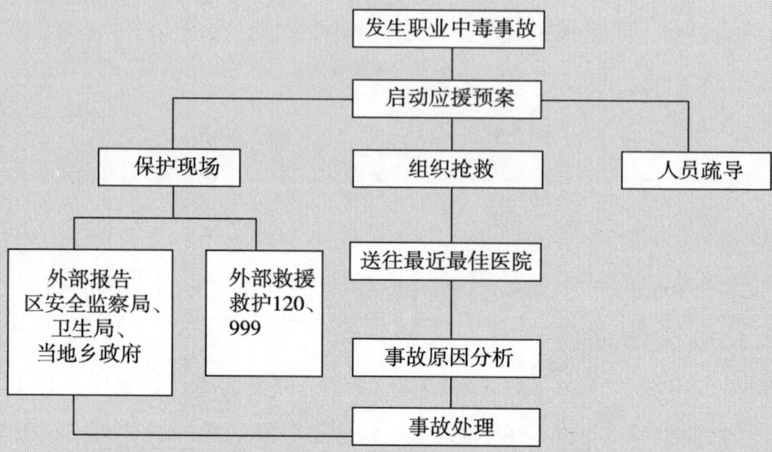

图 2-5　事故应急响应流程图

5.5.1.3　受伤人员已全部从事故现场救出，并送到医院进行救治，没有失踪人员（包括参加应急抢救处置的人员）。

5.5.1.4　环境受到污染经处理后，应符合国家或行业有关标准。

5.5.2　应急结束。

5.5.2.1　对事故发生的原因、经济损失、人员伤亡等进行调查，写出事故报告报送区安监局、街道（地区）办事处。

5.5.2.2　积极配合有关部门组成的事故调查组，对事故的调查分析、处理工作，向事故调查组提交有关事故现场受伤人员及其他应移交的资料。

5.5.2.3　经有关部门同意后，公司组织人员及时清理现场，组织力量抢修受损设备，尽快恢复生产经营活动。

5.5.2.4　公司写出事故应急工作总结报告

5.5.2.5　做好受伤人员的慰问和善后处理工作。

6　信息发布

企业应急指挥中心办公室应完成事故应急工作总结，报告经企业法人批准后，由厂长办公室向新闻媒体通报事故信息。

7 后期处置

经事故调查报告批复后，根据事故调查报告，对事故责任人的处理和事故防范措施积极落实。立即进行生产秩序恢复前的污染物处理，必要设备设施的抢修、人员情绪的安抚、伤员的赔偿及抢险过程应急能力评估和应急预案的修订工作。

8 保障措施

8.1 应急通信保障

见附件1。

8.2 应急队伍保障

见附件2。

8.3 应急物资装备保障

8.3.1 通信设备，防毒工具，消防服装等设备。

8.3.2 应急医疗救护箱。

8.3.3 强光手电筒、警戒带。

8.3.4 破拆工具、绝缘手套、绝缘靴。

8.3.5 灭火器（二氧化碳、干粉）。

8.3.6 消防栓，消防水龙带。

明确应急需要使用的应急物资和装备的类型、数量、性能、存放位置、管理责任人及其联系方式等内容。

8.4 经费保障

每年由企业应急指挥中心办公室做出预算，经法人批准后财务部门单设科目，专款专用。用于安全保障款项支出。

9 培训与演练

9.1 培训

年初制定生产计划时，同时制定安全生产事故应急预案培训计划。培训方式包括：防火、防职业中毒知识辅导、劳动保护用品的合理使用、消防器材的使用等。要求每名职工有自我保护意识。

9.2　演练

每年至少进行一次防火、防职业中毒演练。明确应急演练的规模、方式、频次、范围、内容、组织、评估、总结等。

10　奖惩

10.1　奖励

10.1.1　在抢救过程中，表现勇敢、机智、成绩突出人员应给予表扬或奖励。

10.1.2　对应急工作提出建议，且实施效果显著。

10.2　惩罚

10.2.1　对于在抢救过程中，无故不到位或迟到及临阵逃脱者，将给予处罚行政处分，直至追究法律责任。

10.2.2　在抢救过程中，不服命令的，将给予处罚。

11　附则

11.1　应急预案备案

应急预案经本企业法人批准后实施，应急预案留厂办公室或主管科室备案，并向当地街道（地区）办事处备案。

11.2　维护和更新

每次演练结束或根据国家有关安全生产法规的颁布及人员设置变动情况及时修改、补充预案。

11.3　制定与解释

本预案由×××制定，由×××制定解释。

12　实施

本预案于2009年3月5日实施。

思　考　题

1. 汽车维修安全生产存在薄弱环节在哪里？
2. 结合实际，举例说明一起汽车维修安全生产事故案例。
3. 结合学习，谈谈改进汽车维修安全生产工作的主要途径。
4. 怎样理解安全生产责任制是一项基本制度？
5. 企业法人代表安全职责有哪些？
6. 安全生产管理部门安全职责有哪些？
7. 车间（班组）负责人安全职责有哪些？
8. 维修工人安全职责有哪些？
9. 怎样理解安全生产教育培训的必要性？
10. 建立健全汽车维修企业安全生产教育培训制度的目的是什么？
11. 汽车维修企业安全培训的对象都有哪些？
12. 企业主要负责人安全培训内容有哪些？
13. 其他从业人员安全培训内容有哪些？
14. 对从业人员安全培训档案有什么要求？
15. 结合本企业实际，叙述安全生产检查如何开展，有何改进？
16. 制订安全生产事故应急预案的作用是什么？

第三章　汽车维修从业人员安全防护

事故在于预防。安全防护就是做好准备和保护，以应付攻击或者避免受害，从而使被保护对象处于没有危险、不受侵害、不出现事故的安全状态。安全防护的基本内涵是通过防范的手段达到或实现安全的目的。汽车维修安全防护的意义在于保护自己与他人，避免发生危险与伤害。

第一节　个人安全防护

生产过程中存在的各种危险和有害因素，会伤害劳动者的身体，甚至危及生命。个人防护用品就是在劳动过程中，为防御物理、化学、生物有害因素伤害人体而穿戴和配备各种物品的总称。个人防护用品是保护劳动者在生产过程中的人身安全与健康所必备的一种防御性装备，从一定意义上讲，个人安全防护是保证安全的最后防线。

一、劳动防护用品

1. 基本定义

《劳动防护用品监督管理规定》（GB 11651—2008）（国家安全生产监督管理总局令2005 年第1 号）指出，劳动防护用品，是指由生产经营单位为从业人员配备的，使其在劳动过程中免遭或者减轻事故伤害及职业危害的个人防护装备。

2. 配备规定

生产经营单位应当按照《个人防护装备选用规范》（GB 11651—2008）

和国家颁发的劳动防护用品配备标准以及有关规定，为从业人员配备劳动防护用品。劳动防护用品必须免费提供，必须符合国家标准或者行业标准，不得超过使用期限，不得以现金或其他物品替代劳动防护用品。

3. 使用规定

生产经营单位应当督促、教育从业人员正确佩戴和使用劳动防护用品。从业人员在作业过程中，必须按照安全生产规章制度和劳动防护用品使用规则，正确佩戴和使用劳动防护用品；未按规定佩戴和使用劳动防护用品的，不得上岗作业。

二、劳动防护用品分类

1. 按防护部位分

劳动防护用品，国际上称为 PPE（Personal Protective Equipment）。从劳动卫生学角度，劳动防护用品按照防护部位不同，分类如下：

（1）头部防护器具，如安全帽等。是用于保护头部，防撞击、挤压伤害的护具。主要有塑料、橡胶、玻璃、胶纸、防寒和竹藤安全帽。

（2）眼面部防护器具，用以保护作业人员的眼睛、面部，防止外来伤害，如护目镜等。按照用途，分为焊接用眼防护具、炉窑用眼护具、防冲击眼护具、微波防护具、激光防护镜以及防 X 射线、防化学、防尘等眼护具。

（3）听力防护器具，用于长期在 90dB（A）以上或短时在 115dB（A）以上环境中，如耳塞等。听力护具有耳塞、耳罩和帽盔三类。

（4）呼吸防护器具，是预防尘肺和职业病的重要护品，如口罩、防毒面罩等。按用途分为防尘、防毒、供氧三类，按作用原理分为过滤式、隔绝式两类。

（5）手部防护器具，如防酸碱手套等。用于手部保护，主要有耐酸碱手套、电工绝缘手套、电焊手套、防 X 射线手套、石棉手套等。

(6) 足部防护器具，如防砸安全鞋等。用于保护足部免受伤害。目前主要产品有防砸、绝缘、防静电、耐酸碱、耐油、防滑鞋等。

(7) 躯体防护器具，用于保护职工身体免受劳动环境中的物理、化学因素伤害的作业服装，如各种防护服等。防护服分为特殊防护服和一般作业服两大类。

(8) 坠落防护器具，如安全带等。用于防止坠落事故发生。主要有安全带、安全绳和安全网。

(9) 皮肤防护器具，用于外露皮肤的保护，如皮肤防护膜等。分为护肤膏和洗涤剂。

2. 按属性分

《劳动防护用品监督管理规定》将劳动防护用品分为特种劳动防护用品和一般劳动防护用品。

特种劳动防护用品目录由国家安全生产监督管理总局确定并公布；未列入目录的劳动防护用品为一般劳动防护用品。

劳动防护用品还可以按照用途分为以防止伤亡事故为目的的安全护品和以预防职业病为目的的劳动卫生护品。

三、特种劳动防护用品

《劳动防护用品监督管理规定》给出了《特种劳动防护用品目录》，具体内容是：

1. 头部护具类

安全帽。

2. 呼吸护具类

防尘口罩；

过滤式防毒面具；

自给式空气呼吸器；

长管面具。

3. 眼（面）护具类

焊接眼面防护具；

防冲击眼护具。

4. 防护服类

阻燃防护服；

防酸工作服；

防静电工作服。

5. 防护鞋类

保护足趾安全鞋；

防静电鞋、导电鞋；

防刺穿鞋；

胶面防砸安全靴；

电绝缘鞋；

耐酸碱皮鞋；

耐酸碱胶靴；

耐酸碱塑料模压靴。

6. 防坠落护具类

安全带；

安全网；

密目式安全立网。

四、劳动防护用品的配备标准

个人防护用品在预防职业危害因素的综合措施中，属于第一级预防。《劳动防护用品配备标准（试行）》（国经贸安全〔2000〕189 号）规定了汽车维修主要工种劳动防护用品配备标准，如表 4-1。

汽车维修主要工种劳动防护用品配备标准　　表 4-1

名称 典型工种	工作服	工作帽	工作鞋	劳防手套	防寒服	雨衣	胶鞋	眼护具	防尘口罩	防毒护具	安全帽	安全带	护听器
汽车维修漆工	√	√	√	√	√					√			
汽车维修电工	√	√	防砸绝缘	绝缘	√	√					√		
电焊工	阻燃耐高温	阻燃耐高温	防砸	√	√			焊接护目			√		
汽车维修钣金工	√	√	防砸	√	√			防冲击			√		
汽车维修工	√	√	防砸	√	√	√	√	防异物					

汽车维修人员应自觉增强劳动防护意识，作业时，应穿戴好个体防护用品，根据维修工序的特点和产生职业病危害因素的种类，做好呼吸、眼部及皮肤防护。其中，进行喷漆操作时，应佩戴过滤式防毒面罩、橡胶手套、护发帽、防静电工作服、防冲击眼护具、安全鞋等；进行电焊、气焊、切割操作时，应佩戴焊接眼面防护具、焊接服、焊工防护手套、防尘口罩、耳塞、防冲击眼护具、安全鞋等；进行回收、净化、加注制冷剂操作时，要戴护目镜，穿防护服，谨防制冷剂溅入眼内或溅到皮肤，造成冻伤。

五、劳动防护用品的使用方法

1. 防护服

1）定义

防护服是指防御物理、化学和生物等外界因素伤害人体的工作服。防护服的选用和使用，是安全防护工作中的重要环节。《防护服 一般要求》（GB/T 20097—2006）规定了防护服的人类工效学、老化、尺寸、标识方面的一般要求和建议，并规定了生产厂商应提供的有关信息。

2）选择方法

（1）根据不同的作业需要，选择适宜的防护服品种。一是应根据作业场所存在有害因素的不同，有针对性地选择特种劳动防护服；二是应考虑危险因素的严重程度，选择不同的防护等级。

（2）注意选择合格的防护服产品。在选购特种劳动防护服时，首先应确认该产品的制造商是否具有国家颁发的工业产品生产许可证和安全标志认证证书，再查看产品是否有制造商名称及地址、生产许可证编号、安全标志认证号、生产日期、产品标准号，是否附有产品合格证和使用说明书。另外，应要求经销企业出示该批产品的检测报告，并查看有效期。

（3）查看防护服的外观结构与质量。服装号型应符合穿着者的身材，并进行试穿。服装表面无污渍，附件齐全。

3）使用注意事项

（1）防护服穿着程序应符合规定要求，防护服的领、袖口与下摆应扣紧。不系领带或围巾，不卷起衣袖或裤腿。一人一用，不要公用。

（2）如果防护服受到污染，应及时进行科学洗涤或更换。

（3）对于特种劳动防护服，应按规定方法进行有效洗涤，并在规定有效期内使用。

（4）一旦发现防护服有破损，应及时更换。

2. 安全鞋

1）定义

安全鞋是指具有保护特征的鞋，用于穿着者免受意外事故引起的伤害，装有保护包头，能提供至少200J能量测试时的抗冲击保护和至少15kN压力测试时的耐压力保护。《个体防护装备 安全鞋》（GB 21148—2007）规定了安全鞋的术语和定义、分类、基本要求和附加要求、标识和提供的信息。

2）使用注意事项

（1）不得擅自修改安全鞋的构造。

（2）选择合适尺码的安全鞋。

（3）正确穿着，不要拖穿。

（4）明确安全鞋的防护性能，不要超越其防护功能使用。如穿不具有防酸碱性的鞋子从事化学品有关操作。

（5）注意个人卫生，使用者应维持脚部及鞋履清洁干爽。

（6）定期清理安全鞋，但不应采用溶剂作清洁剂。此外，鞋底亦须经常清扫，避免积聚污垢物，因鞋底的导电性或防静电效能会受黏附污垢物多少和褶皱情况而影响。

（7）在阴凉、干爽和通风处存放。

3. 眼护具

1）定义

眼护具是指防御烟雾、化学物质、金属火花、飞屑和粉尘等伤害眼睛、面部的防护用品。《个人用眼护具技术要求》（GB 14866—2006）规定了个人用眼护具的技术性能要求及相应的试验方法。

2）使用注意事项

（1）使用者在选择眼面部防护用品时，应注意选择符合国家相关管理规定、标志齐全、经检验合格的眼面部防护用品，并且要根据不同的防护目的选择不同的品种。

（2）用前应检查防冲击眼护具的零部件是否灵活、可靠。使用中发生冲击事故、镜片严重磨损、视物不清、表面出现裂纹等任何影响防护质量的问题时，应及时检查或更换；

（3）应保持防护眼镜的清洁卫生。

（4）禁止与酸、碱及其他有害物接触。

（5）避免受压、受热、受潮及阳光照射。

4. 安全帽

1）定义

安全帽是指对人头部受坠落物及其他特定因素引起的伤害起防护作用的帽。《安全帽》（GB 2811—2007）规定了职业用安全帽的技术要求、检验规则及其标识。

2）使用注意事项

（1）首先要选择与自己头型适合的安全帽。

（2）佩戴安全帽前，要仔细检查合格证、使用说明、使用期限，并调整帽衬尺寸，保持帽衬顶端与帽壳内顶之间具有20～50mm的空间，以便形成一个能量吸收系统，使遭受的冲击力分布在头盖骨的整个面积上，减轻对头部的伤害。

（3）安全帽必须戴正、戴牢。如果戴歪，一旦头部受到物体打击，就不能减轻对头部的伤害。

（4）必须系好下颏带。如果没有系好下颏带，一旦发生坠落或物体打击，安全帽就会离开头部，这样起不到保护作用，或达不到最佳效果。

（5）经常进行外观检查。如果发现帽壳与帽衬有异常损伤、裂痕等现象，或水平垂直间距达不到标准要求，应当更换新的安全帽。

（6）不能随意对安全帽进行拆卸或添加附件，以免影响其原有的防护性能。

（7）安全帽如果较长时间不用，则需存放在干燥通风的地方，远离热源，不受日光的直射。

（8）安全帽的使用期限：塑料的不超过两年半；玻璃钢的不超过三年，具体使用期限参考产品使用说明。到期的安全帽要进行检验测试，符合要求方能继续使用，否则，应该淘汰。

（9）安全帽只要受过一次强力的撞击，就无法再次有效吸收外力，有时尽管外表上看不到任何损伤，但是内部已经遭到损伤，不能继续使用。

第二节　维修岗位安全事项

企业应加强生产作业行为的安全管理。对作业行为隐患、设备设施使用隐患、工艺技术隐患等进行分析，采取相应的控制措施。

当代的汽车维修工主要包括机修、电器、钣金、喷涂等主要工种。各个岗位的工作既有同一性，又有差异性。在安全生产方面既要有统一的要求，又要有区别化的要求。

一、汽车维修安全生产通则

（1）汽车维修工应参加安全教育培训，掌握必要的消防知识，会使用消防器材，会扑救初起火，会报警。

（2）汽车维修工应自觉遵守劳动纪律，按作业性质穿戴防护用品，上岗作业时，不穿拖鞋、不穿背心、不穿短裤和裙子、不干私活、不打瞌睡、不喝酒。

（3）汽车维修工应熟悉其操作设备的性能、使用要求和操作规程。

（4）汽车维修工应合理选用，正确操作，经常维护，定期检修设备和仪器。工作前，应确认所使用的设备、仪器安全技术状况完好。正在运转的设备、仪器，必须有人看管。严禁超负荷使用和带病运行设备和仪器。设备运行过程中，发现操作失灵、异响、电器开关断路及其他故障时，应立即停机，查明原因或请专业维修人员维修。不符合安全要求的陈旧设备，应有计划地更新和改造。

（5）正确选择和使用工具。作业时，工具必须摆放整齐，不得随地乱放。工作后，应将工具清点检查并擦干净，按要求放入工具车或工具箱内。

（6）计量器具应经检定合格。

（7）作业时，应注意保护汽车车身涂层、车内装饰、乘员座椅以及地毯，并随时保持修理车辆的整洁。

（8）按规定的工艺、标准规范或制造厂汽车维修说明书的程序维修车辆。

（9）拆装零部件时，应使用合适工具或专用工具，不可大力蛮干，不得用硬质手锤直接敲击零件，谨防飞屑伤人。所有零件拆卸后应按顺序摆放整齐，不可随地堆放。

（10）仅可使用允许的清洗剂和清洗设备清洗零部件，而不使用易燃、易爆性溶剂，如汽油、煤油、二甲苯等。清洗剂洒落应及时清除。

（11）在发动机旁作业时，应切断风扇电源，手和工具应离开风扇等可以旋转的部件。维修中，所有人员要避开旋转物体的切线方向。

（12）工作灯应采用特低压安全灯，工作灯不得冒雨或拖地使用，并应经常检查工作灯导线、插座是否良好。手湿时，不得扳动电力开关或插座。电源线路、保险丝应按规定安装，不得用铜线、铁线代替。

（13）不用压缩空气吹自己身上的灰尘，不用压缩空气吹含毒粉尘，不用压缩空气吹其他人。

（14）升降机等设备应向特种设备安全监督管理部门登记，进行经常性日常维护保养，定期自行检查，按照安全技术规范的定期检验要求进行检验，并由具有资质的人员操作。

（15）不在楼梯口、消防、运输通道上、消防设备、易燃易爆仓库旁等处进行汽车维修作业。

（16）在易燃、易爆、有毒环境作业时，应使用通风换气装置和防护设施。易燃、易爆、具有腐蚀性、有毒的剩余物品，应及时归仓储存，不允许个人留存。

（17）不在发动机运转的情况下给汽车加油。不在作业区内进行未经许可的明火作业和加热作业。

（18）非指定人员不得动用在修车辆。汽车在厂内行驶车速不得超过5km/h，不准在厂内路试刹车。

（19）不在作业区吸烟、玩耍、跑步、做游戏等。

（20）身体不适作业时，不勉强作业。

（21）下班时，必须切断电源、气源、熄灭火种、清理场地、关好门窗。

（22）汽车维修产生的废弃物应集中回收，分类存放，分别情况予以处置。

二、机修工安全操作规程

（1）检修电喷汽油机的供油系统时，应先对系统进行泄压处理。

（2）在车上作业时，要先拉紧驻车制动器，变速操纵杆置于空挡位置；在发动机正在运转或驻车制动失效失控的车上作业时，车轮的前后安放三角木。

（3）用千斤顶进行底盘作业时，必须选择平坦、坚实场地，并用三角木将前后轮塞稳，然后用安全凳按车型规定支撑点将车辆支撑稳固，不得使用软性物体作为支撑。严禁单独用千斤顶顶起车辆在车底作业。

（4）维修过程中，应认真检查原件或更换件是否符合技术要求，并严格按修理技术规范精心进行作业和检查调试。

（5）螺丝刀及尖锐的工具、零部件不可放在衣袋内。

（6）发动机过热时，不得打开水箱盖，谨防沸水烫伤。

（7）进行拆卸、调整、加注作业时，遇有可能的汽油、机油、制动液等冒溢、滴漏、散落，应事先备好盛接容器加以收集。

（8）双手、工具、设备和地面的油污应及时清除，以免工具滑落或人员滑倒。

（9）修竣发动机起动前，应先检查各部件装配是否正确，是否按规定加足润滑油、冷却水，置变速器于空档。严禁车底有人时，发动车辆。

（10）地面指挥车辆行驶、移位时，不得站在车辆正前方与后方，并注意周围障碍物。

（11）废弃的油、液应分类收集，统一存放，不得随地倒流或倒入排水沟内，防止废油污染。

三、电工（空调）安全操作规程

（1）在装有微机（电脑）控制系统的汽车上进行电工作业时，如无必要，不应触动电子控制部分的各个接头，以防意外损坏电子元件。

（2）取下蓄电池时，应先将电源关闭，以免损坏充电机及蓄电池。

（3）更换安全气囊时，必须先断开汽车电源线；换好安全气囊后，连接蓄电池搭铁线时，驾驶室内不能留人，以防止安全气囊出现故障，发生危险。

（4）蓄电池充电时，应打开蓄电池盖，保持室内通风良好，电解液温度不得超过45℃。新蓄电池充电时，必须遵守两次充足的技术规程。

（5）维修汽车电路时，不可乱拉电线，不可随意换用大容量熔断器。

（6）回收、净化、加注制冷剂时，要戴护目镜，谨防制冷剂溅入眼内或溅到皮肤。进行空调系统作业时，应在通风良好处。回收制冷剂时，应缓慢，防止冷冻机油一起冲出，同时不能与明火及炙热金属接触。

（7）搬运制冷剂钢瓶时，严防振动、撞击；存放时，应储放在通风干燥的库房中，避免日光暴晒。

四、钣金工（焊接工）安全操作规程

（1）焊接操作人员应持特种作业操作资格证书，并穿戴必要的防护用品。

（2）电焊机不要放置在潮湿、有酸、碱液体或易燃气体存在的环境中，也不能与氧—乙炔焊接的气瓶靠得太近。操作前，应确认电焊机线路、插座及焊钳、搭铁线完好；检查气体保护焊机压力表、回火装置是否正常，减压阀及各管路接头、皮管有无漏气现象，然后按启动程序开动使用。严禁将易燃易爆管道作焊接回路使用。焊机安装电源时，应同时安装漏电保护器，对焊机壳体和二次绕组引出线的端头应采取良好的保护接地或接零措施。检修、移动电焊机时，必须先切断电源。

（3）所有氧焊工具不得粘上油污、油漆，并定期检查焊枪、气瓶、表头、气管是否漏气。氧气瓶与乙炔气瓶距离 7m 以上，乙炔瓶、氧气瓶周围 10m 范围内，禁止烟火。氧气瓶与乙炔气瓶使用后，应分别保持 0.05 MPa 和 0.1MPa 残余压力。

（4）焊接作业场地 10m 以内不得有可燃物、易燃物，必须有良好的通风环境，通道宽度应大于 1m。工作前，要清理干净工作场地可燃物。作业时，应有人监护，没有安全防范措施不能进行作业。焊接处高空作业更应注意火花的迸溅方向。

（5）电焊条要干燥、防潮。施焊时，应根据工作大小选择适当的电流及焊条。电焊作业时，操作者要戴面罩及劳动保护用品。清除焊渣时，应戴防护镜，并应对眼部进行遮挡保护。严禁裸眼施焊。

（6）进行氧焊点火前，先开乙炔气，后开氧气，熄火时先关乙炔气阀，发生回火现象时应迅速卡紧胶管，先关乙炔气阀，再关氧气阀。

（7）氧气瓶、乙炔气瓶应立式存放，相距12m以上，分别储存于阴凉、通风的库房，远离火种、热源。库房应采用防爆型照明、通风设施，库温不宜超过30℃，并备有泄漏应急处理设备。乙炔气瓶应与氧化剂、酸类、卤素分开存放。搬运时，必须使用专门搬运小车，轻装轻卸，不得撞击，禁止使用易产生火花的机械设备和工具。

（8）在重点部位进行焊割作业，必须履行审批程序。

（9）在燃油箱周边5m内，进行焊接作业时，必须用阻燃物被将油箱盖严实，周边10m内有易燃易爆物品时，禁止动火、施焊作业。

（10）燃油箱、油罐、高压容器、储存过化学有毒、有害物品的设施设备，未经专业清洁，无专业资质的焊接工禁止对其施焊作业。

（11）进行校正作业或使用车身校正台时，应正确夹持、固定、牵制，并使用适合的顶杆、拉具及站立位置，谨防物件弹跳伤人。

（12）作业完毕后，必须对动火区域进行彻底的安全检查，确认安全后方可离开。

（13）对车身进行电焊作业时，应关闭汽车电源，以防损坏车用电脑或电线。

五、喷漆工安全操作规程

（1）喷漆作业时，要穿防止静电产生的化学纤维质料的防护服。

（2）在喷漆车辆进入烤漆房前，应先将各部泥土、灰尘擦拭干净，严禁在喷漆房内清除灰尘。

（3）进入烤漆房作业时，必须备齐所需涂料、溶剂及所需器具。

（4）使用砂轮片前，应检查砂轮片有无损坏，安全防护装置是否完好，并核对砂轮片是否与主轴直径相适应，不准使用裂纹或缺损的砂轮。安装砂轮片时，应采用专用扳手进行紧固，使得砂轮转动时不产生滑动。砂轮装好后，应空转5s，不应有明显振动。使用手持电动砂轮机打磨时，必须有牢固的防护罩和加设保护接零线或配用漏电保护，调整砂轮防护罩时，必须在砂轮停转后进行。发现电源线缠卷打结时，要耐心解开，不得手提电线或砂轮强行拉动。禁止用端面进行打磨。以防砂轮片破裂伤人。正在转动的砂轮机，不准随意放在地上和工作台上，应待砂轮停稳后，放在指定的地方。不用时，必须关闭电门，切断电源。砂轮机要存放在干燥处，避免潮湿。

（5）打磨时，应先起动吸尘装置，夹紧工件，用力不得过猛，严禁有人站在砂轮片正面，以防砂轮破裂伤人。

（6）严禁在喷漆间内点火吸烟。

（7）在喷漆间内作业时，不得打开喷漆间门。

（8）进行保温烘干作业时，不得将温度调节器设定在80℃以上。

（9）经常清洁喷烤漆房进气滤网，以防止阻塞。

六、LNG客车维修安全操作规程

考虑LNG燃料的特性，为了确保维修生产安全，提出以下特别注意事项。

（1）维修车间要具备良好的通风条件。

（2）LNG客车不要停放在有焊接（电焊和气焊）作业的区域，也不能停放在全封闭式的车位内。

（3）LNG发动机热负荷大，要加强发动机舱的隔热防护措施的检查。LNG发动机维修场所严禁吸烟和使用明火。在发动机附近检修时，不能用跳火方法检查电路的通电情况。

（4）维修底盘或车身等，需要动用明火时，先要检查燃料供应系统的密封性，必要时做好防火的隔离措施。

（5）维护作业时，应当用肥皂液或专用检漏仪（甲烷探测仪）

来检测管路、阀门等部件的渗漏情况。检修LNG供气管路时，要做好安全防护措施，穿戴防护服、绝热手套、防护目镜和面罩。裸露的手不允许直接接触装有LNG而未经隔离的管道和附件，防止LNG泄漏造成低温灼伤。发生冷灼伤时，首先除去影响冻伤部位血液循环的衣物，将冻伤的部位立即用温水进行水浴，同时应送医院做进一步治疗。

（6）更换阀件时，先要对钢瓶内气体降压，先将车辆停放在室外，在排放车辆周围做好防护措施，防止非作业人员靠近作业区。

（7）检修时，不能用冷水来冲洗清理气瓶至汽化器之间的管路或阀门连接处结霜，可用热水融化。但如果是汽化器处发生严重结霜时，则要分析原因排除结霜现象。

（8）当钢瓶内的气压超过安全阀限定压力，安全阀自动打开排气降压后不能正常关闭时，可用温水浸化冰霜，或用木槌轻敲，直至关闭。严禁在安全阀出口处加装堵塞防漏。

（9）发生车辆火灾事故时，立即按动仪表台上灭火弹启动按钮，关闭点火开关和气瓶截止阀，同时疏散车上人员，尽快向有关部门报告，隔离现场，保护现场，同时，用干粉灭火器进行灭火，不能用水喷向泄漏的LNG。

七、CNG汽车维修安全操作规程

（1）维修CNG汽车前，必须关闭电源和钢瓶截止阀，确认天然气无泄漏后方可进行操作。

（2）检查钢瓶、管路、阀门及各连接处是否有泄漏时，严禁使用明火，应使用检漏剂、洗洁剂或肥皂水检漏。如有天然气泄漏，无法关闭气源时，将车辆移至户外，周围1.5m以内无火源的前提下，关闭钢瓶全部阀门，打开充气阀放气，充分放气后再进行维修。

（3）举升车辆时，防止挤压和碰撞天然气钢瓶、高压管路。

（4）维修过程中，严禁敲击钢瓶和管线，严禁在钢瓶和管路上进行电焊，严禁管路接触酸、碱、油污及尖硬物、易燃爆物品等。

（5）拆装或紧固天然气管路时，必须先卸压，然后再作业，不允许带压操作，并且要远离高温、火源等场所。高压管路、卡箍及接头不准重复使用。

（6）打开钢瓶截止阀应缓慢开启，人员不能站在截止阀的对面，防止对人和压力表、阀门等产生冲击。

八、危险货物运输车辆维修安全操作规程

凡从事危险货物运输车辆维修的单位，除必须配备防爆、去污清洗等设备，划定专用修理车库外，还要经道路运政管理机关审查批准，在技术合格证上加盖《危险货物运输车辆维修专用》，方能从事维修作业。

（1）危险货物运输车辆进厂维修前，必须将车厢清空或罐体排空。

（2）针对不同的危险货物运输车辆，制定专门的维修方案，严禁冒险作业或在无可靠安全保障的情况下进行作业。

（3）维修人员应具备资质、持证上岗，熟知危险货物性质和安全防护常识。

（4）进厂维修的危险货物运输车辆，必须由维修技术人员指挥进库。车辆必须在指定的工位上进行维修，不得在普通工位上进行作业。

（5）维修区要设立明显标志，并有专人管理。维修区内不准堆放易燃、易爆、可燃物品和其他杂物，应配备一定数量的消防器材。在维修区内禁止使用电焊、气焊、喷灯及电钻、砂轮，否则会产生火焰、火花而引起火灾。

（6）维修作业前，应检查所使用的输电线路、开关、插座、机

具等是否完整无损和有无漏电。周密检查发动机、排气管等附近有无遗落的棉纱、杂物等，以防火灾。

（7）维修作业过程中，机电维修、钣金、涂漆等必须严格按照安全操作规程进行作业，同时要排除操作过程中安全隐患。

（8）使用千斤顶支撑底盘时，必须选择平坦、坚实的场面，并用三角木将前后轮塞稳，然后再用安全凳在规定点上支撑，将车辆支撑稳固。严禁只用千斤顶顶起车辆，在车底下作业。

（9）拆装零件时，应使用合适工具或专用工具，不得用硬物、锤子直接敲击零件，零件和工具按一定顺序摆放整齐，不得随地堆放。

（10）发动机修竣后，先检查部件装配是否正确，再按规定加足润滑油、冷却液，将变速器置于空挡，起动发动机试运转，这时车底下严禁有人。

（11）维修作业后，经主修人、维修负责人与专职检验人员共同检查，确认无误并在作业单上签字后，车辆方可放行。

（12）如果发生火灾，扑救时应站在上风向，必须佩戴防护用具。

九、维修工安全操作规程案例

案例1　机修工安全操作规程

1　目的

为规范机修工安全生产行为，保证安全生产，制订本《机修工安全操作规程》。

2　适用范围

公司机修工从事机修作业时适用本规程。

3　内容与要求

3.1　工作前应检查所使用工具是否完好。施工时工具必须摆放整齐，不得随地乱放，工作后应将工具清点检查并擦干净，按要求放入工具车或工具箱内。

3.2　拆装零部件时，必须使用合适工具或专用工具，不得大力蛮干，不得用硬物手锤直接敲击零件。所有零件拆卸后要按顺序摆放整齐，不得随意堆放。

3.3　严格按照操作规程使用检测设备。

3.4　用千斤顶进行底盘作业时，必须选择平坦、坚实场地并用三角木将前后轮塞稳，然后用安全凳按车型规定支撑点将车辆支撑稳固。严禁单纯用千斤顶顶起车辆在车底作业。

3.5　作业人员在维修前要为车辆套上座套、把套、铺上脚垫、垫布等防护用品，以防刮伤、弄脏车辆。

3.6　修配过程中应认真检查原件或更换件是否符合技术要求，并严格按修理技术规范精心进行作业和检查调试。

3.7　使用举升机、吊装设备时，要经检查确认安全后再按操作规程操作，要注意车辆安全和人身安全，以防发生意外。

3.8　两人以上操作要互相照顾，协调工作。

3.9　严禁在车间内吸烟和制造火源，客户吸烟时要进行劝阻。

3.10　修竣发动机起动前，应先检查各部件装配是否正确，是否按规定加足润滑油、冷却水，置变速器于空档。严禁车底有人时发动车辆。

3.11　发现电源、线路、电器存在事故隐患时，要及时报告检修，照明行灯电压应低于36V。

3.12　地面指挥车辆行驶，移位时，不得站在车辆正前方与后方，并注意周围障碍物。

3.13　废油应倒入指定废油桶收集，不得随地倒流或倒入排水沟内，防止废油污染。

案例2　钣金工安全操作规程

1　目的

为规范钣金工安全生产行为，保证安全生产，制订本《钣金工安全操作规程》。

2　适用范围

公司钣金工从事钣金作业时适用本规程。

3　内容与要求

3.1　工作前要将工作场地清理干净，以免其他杂物妨碍工作，并认真检查所用的工具、机具技术状况是否良好，连接是否牢固。

3.2　进行校正作业或适用车身校正台时，应正确挟持、固定、牵制，并使用适合的顶杆、拉具及站立位置，谨防物件弹跳伤人。

3.3　使用车床、点焊机、电焊机时，必须事先检查各部件及焊机接地情况，确认无异常情况后，方可按启动程序开动使用。

3.4　电焊条要干燥、防潮，工作时应根据工作大小选择适当的电流及焊条。电焊作业时，操作者要戴面罩及劳动保护用品。

3.5　焊补油箱、油管时，必须放净燃油，并用高压蒸汽彻底清洗，确认无残留油气后，拆除螺栓，敞开油箱盖谨慎施焊。若无清洗条件不得焊补油箱，焊接密封容器应预先开好通气孔。

3.6　氧气瓶、乙炔气瓶要放到离火源10m以外的地方，氧气瓶、乙炔气瓶两瓶相距至少5m以上，不得在太阳下暴晒，不得撞击，所有氧焊工具不得粘上油污、油漆，并定期检查焊枪、气瓶、表头、气管，以防漏气。

3.7　搬运氧气瓶及乙炔气瓶时必须使用专门搬运小车，切忌在地上拖拉。

3.8　进行氧焊点火前，先开乙炔气后开氧气，熄火时先关乙炔气阀，再关氧气阀。经常检查，保持水封回火防止器的水位，发生回火现象时应迅速卡紧胶管。

案例3　喷漆工安全操作规程

1　目的

为规范喷漆工安全生产行为，保证安全生产，制订本《喷漆工安全操作规程》。

2　适用范围

公司喷漆工从事喷漆作业时适用本规程。

3　内容与要求

3.1　各类喷漆或者易燃物品应存放在指定专用库房内，不得与其他材料混放，杜绝火种入库，容器应密封，妥善保管。

3.2　进入烤漆房作业时，应检查所用的机械、安全门和工具是否正常、适用，并备齐所需油漆、香蕉水及所需器具。

3.3　在喷漆车辆进入烤漆房前，应先将底盘翼子板各部泥土、灰尘擦拭干净，严禁在喷漆房内清除灰尘。

3.4　喷漆作业时要穿防止静电产生的化学纤维质料的衣服，并戴好防护用品。

3.5　室内喷涂作业时，应保持良好通风，周围不得有火种。严禁在喷漆间内点火吸烟。

3.6　在喷漆间内作业时不得打开喷漆间门。

3.7　使用喷灯加油不宜过满，打气不宜过足，使用时间不宜过长。在点火时火嘴不得对人，周围不得有易燃易爆物品。

3.8　进行保温烘干作业时，不得将温度调节器设定在80℃以上。

3.9　经常清洁进气滤网，以防止阻塞。

3.10　供油泵不得漏油，每月应对煤油箱进行一次排水作业。

3.11　使用空压机必须按受压容器规定进行操作。

3.12　工作完毕应清理工作场地的残余材料。

案例4　电工安全操作规程

1　目的

为规范汽车电工安全生产行为，保证安全生产，制订本《电工安全操作规程》。

2　适用范围

公司电工从事电气作业时适用本规程。

3　内容与要求

3.1　工作前检查作业现场地面要整洁，易燃易爆物品应清理干净，并设有必要的灭火器材。检查所用工具必须完好、安全、可靠。

3.2　按规定穿戴使用好劳动防护用品。

3.3　修理作业现场禁止吸烟。

3.4　在车上进行电工作业前，使用垫布保护汽车漆面光泽，给汽车转向盘、座椅、驾驶室做好保护工作，从保持车辆整洁。

3.5　在装有电脑控制系统的汽车上进行电工作业时，如无必要不要触动电子控制部分的各个接头，以防意外损坏电子元件。

3.6　拆装、修理车头部位电气设备时，发动机应停止运转。

3.7　拆装起动机、发电机时要将电源断开，以免搭铁产生火花造成故障隐患。应戴手套操作，防止砸手和碰手，并注意照顾车下人员安全。

3.8　车辆加油时，严禁试验高压火花、调换电瓶及其他明火作业。

3.9　不得用铁器敲打电器配件，接线时必须使用绝缘胶布包扎好。

3.10　所用工具必须与作业内容适应，操作方向要合理，防止工具操作失误刺伤自己或他人。

3.11　绿黄双色电线只能作地线专用，严禁用作负荷导线。

3.12　照明行灯应采用36V以下的安全电压，在特别潮湿的槽坑、金属容器内作业应采用12V以下的安全电压。

3.13　蓄电池充电作业时，要保持室内通风良好，并杜绝明火，充电时应将蓄电池盖打开，电液温度不得超过450℃，检查蓄电池时应戴防护眼镜。

3.14　新蓄电池充电时必须遵守两次充足的技术规程。在充电过程中要取出蓄电池应先将电源关闭，以免损坏充电机及蓄电池。

3.15　使用手持式电动工具，应附加牢固可靠的零（地）保护或漏电防护装置；还必须执行《手持式电动工具的管理、使用、检查和维修安全技术规程》（GB 3787—2006）。

3.16　作业后，清理收放好工具和零部件；整理整顿好作业现场，做到整洁和通道畅通。

案例5　轮胎工安全操作规程

1　目的

为规范轮胎工安全生产行为，保证安全生产，制订本《轮胎工工安全操作规程》。

2　适用范围

公司轮胎工从事维修轮胎作业时适用本规程。

3　内容与要求

3.1　更换轮胎时，必须将车辆固定在安全的地方。

3.2　作业前应穿戴好规定的劳动保护用品，检查工作场所和使用的工具，消除一切不安全因素。用千斤顶顶起车辆时必须牢固可靠。

3.3　拆卸轮胎时，应放出轮胎内的压缩空气，后轮双轮应同时放气，轮辋上的限制器有严重损地不时必须更换。

3.4　装胎时应检查钢圈是否符合要求，对止口磨损过多（厚度小于10mm）有裂纹、面变形的钢圈不应装用。

3.5　装胎时应检查隔圈、锁圈、轮辋、花楔不得有裂纹、缺损、凹陷、变形等缺陷。

3.6　装胎时应检查卡子是否符合要求，不准装胎后再烧卡子，以免烧坏衬带和内胎。

3.7　装胎时要将外胎内砂子、污物除尽，放入一定量的滑石粉。同时检查内胎是否漏气、气嘴是否良好，漏气及老化陈旧的内胎禁止使用。

3.8　充气时，作业人员必须站在侧面，防止三圈崩出伤人。轮胎放置应稳定可靠，不得垂直地面，防止倒下伤人。

3.9　滚动轮胎时，一定要扶稳，按规定的路线滚动，并同其他工作人员打招呼，放倒轮胎时，要确认周围无人方可放倒。

3.10　安装轮胎应根据安装位置选胎，前胎必须装新胎或甲级翻新胎。严重磨损和变形的前轮压块，后轮播板不能装用。

3.11　轮胎装上后检查轮胎摆差，轮胎外侧面处和摆差不应大于8mm。

案例6　检验试车工安全操作规程

1　目的

为规范检验试车工安全生产行为，保证安全生产，制订本《检验试车工安全操作规程》。

2　适用范围

公司检验试车工从事检验试车时适用本规程。

3　内容与要求

3.1　试车前，应仔细检查确保方向、前桥、制动、灯具等安全部件装备安全、可靠。

3.2　路试起步前，首先检查保修项目完成情况及车轮周围情况，检查油、水，拉紧驻车制动器，挂入空挡并踏下离合器踏板后方可发动，待发动后慢慢松离合器踏板，注意仪表工作是否正常。

3.3　起步前必须关好车门、检试制动系时，气压制动系的气压不得低于0.3MPa。

3.4　倒车时必须前后看清楚通道情况，并与指挥倒车人员取得联系，按手式进行。

3.5　路试时，应带齐驾驶证、试车证，试车车辆必须前后悬挂试车牌，严格遵守交通规则，在指定地点进行路试。除带必要的修理调整人员外，严禁搭乘其他无关人员或货物。

3.6　试踏制动踏板时应先与车上人员示意后再进行试验。

3.7　试车完好后，应按规定检查有关部位，待全部及格后，由检验人员签名批准出场，将车辆停放在指定地点，将电源总开关关闭，挂低挡，拉紧驻车制动器，通知车主前来接车。

案例7　气焊工安全操作规程

1　目的

为规范气焊工安全生产行为，保证安全生产，制订本《气焊工安全操作规程》。

2　适用范围

公司气焊工从事气焊作业时适用本规程。

3　内容与要求

3.1　焊工工作前，必须穿戴劳动防护用品，确保使用工具安全、可靠。

3.2　施工前应检查周围有无易燃易爆物品，在易燃易爆危险区动火，应按规定办理动火证。

3.3　高处作业时，地面应有专人看管，或采取其他安全措施。对切割下来的物件应放在指定地点，以防掉落伤人。

3.4　在非动火区域焊接、切割以前必须取得动火证后方可施焊，否则不准动火。

3.5　严格执行氧气瓶和乙炔瓶安全操作规程。

3.6　焊割金属表面要清理干净，如果发生回火要马上关闭焊枪乙炔阀然后关闭氧气阀，如果枪体温度较高应冷却一下再使用。

案例 8　电焊工安全操作规程

1　目的

为规范电焊工安全生产行为，保证安全生产，制订本《电焊工安全操作规程》。

2　适用范围

公司电焊工从事电焊作业时适用本规程。

3　内容与要求

3.1　焊工工作前，必须戴绝缘手套及穿胶鞋，皮肤不能外露，确保使用工具安全、可靠。

3.2　电焊机外壳应可靠接地。电焊机不能放在潮湿的地方，不能雨淋，应放于干燥通风处，以免损坏绝缘。内部线圈是水冷的，在使用时应按规定通水冷却。

3.3　修理焊机和搬动焊机时，首先要断电，避免触电。

3.4　经常检查导线的焊接绝缘是否良好。

3.5　工作时必须用面罩保护面部，使用的滤光玻璃必须符合国家标准。

3.6　仰焊时，要将衣领、袖口等处严密扣紧。

3.7　清理焊条，必须戴电焊手套，以防触电。

3.8　车间及工场固定的焊接工作地点，应有通风装置。并用隔墙与其他工种隔开。

3.9　在车上焊接时，应先检查周围有无易燃物品，防止引起火警。

3.10　在车上焊接时，回路电线不准搭在油箱或油箱架上，防止危险发生。

3.11　工作完毕，必须将电焊机电门关好。

第三节　职业病预防

职业病是进行生产的劳动者在本职业的工作环境中由于所存在的一些有害因素而导致的疾病。构成《职业病防治法》中所规定的职业病，必须同时具备以下四个条件：患病主体是企业、事业单位或个体经济组织的劳动者；在从事职业活动的过程中产生的；因接触粉尘、放射性物质和其他有毒、有害物质等职业病危害因素引起；列入国家公布的职业病分类和目录。

汽车维修作业过程中，维修工可接触多种职业病危害因素，主要有苯系物、乙酸乙酯、乙酸丁酯、汽油、粉尘、电焊烟尘、锰及其无机化合物、氮氧化物、氟化物、臭氧、电焊弧光、噪声、高温、各类清洗剂等，可导致从业人员发生的职业病有电焊工尘肺、锰中毒、苯中毒、中暑、电光性眼炎以及中毒性呼吸系统疾病等。汽车维修工虽然没有列入特殊工种，若不注意职业卫生和劳动保护，也会构成对劳动者的伤害。汽车维修职业危害主要岗位包括电焊、喷漆等。

汽车维修企业的劳动条件对汽车维修工的健康具有很大的影响，如果汽车维修企业缺乏安全防护设施和个体防护用品、采用落后的维修工艺、作业环境不良、劳动组织不合理、劳动安全卫生制度不健全，工人缺乏防护知识，或受饮酒、药物、疲劳和精神、心理等因素的影响，都可能造成工人工伤和职业性疾患，甚至由轻微的健康影响发展到严重的损害，导致伤残或死亡。因此，了解职业病的发生和预防，做好劳动防护、工伤预防，可以杜绝或减少职业病、工伤事故的发生。

汽车维修企业与汽车生产企业不同，一般规模不大，且散步在城乡各个角落，许多维修企业作业场地拥挤，防护设施和个人防护不足，必备的通风排毒措施缺乏，有毒无毒工序交叉在一起，加上维修人员流动性较大，防护意识比较薄弱，其职业风险不容小视。目前，汽车维修行业正处于从生产服务型向民生服务型转变的阶段，应重视和加强职业卫生安全工作。

一、汽车维修行业的职业病危害

1. 喷漆工的职业病危害

喷漆作业中经常会接触到一些有毒害作用的化合物，这些化合物会对环境和人体健康造成一定的毒害作用。油漆涂料中常见的有毒化合物有：

（1）甲苯、二甲苯。在溶剂分类中属中等毒性溶剂，对人体具有麻醉、刺激作用，高浓度时对神经系统有毒害作用，但在人体内残留毒性低，一般可经代谢排除。空气中最高容许浓度为100mg/m^3。长期接触甲苯、二甲苯的人，不宜饮白酒，更不宜饮用过量高度白酒，因为酒精会延长其在体内的滞留时间，对健康极为不利。工作场所应保持空气流通以降低其在空气中的浓度。最新的研究资料表明，甲苯、二甲苯进入大气层后会产生一定的光化学反应，对臭氧层有一定的破坏作用。

（2）苯。属于剧毒溶剂，少量的吸入也会对人体造成长期的损害。苯能在神经系统和骨髓内蓄积，使神经系统和造血组织受到损害，引起血液中白细胞、血小板数量减少，长期接触可引起白血病。

（3）乙二醇醚类溶剂。乙二醇醚类溶剂在体内经代谢后，会形成剧毒的化合物，对人体的血液循环系统和神经系统造成永久性的损害，长期接触高浓度的乙二醇醚类溶剂，会致癌。另外，乙二醇醚类溶剂会对女性的生殖系统造成永久性的损害，造成女性不育。

（4）TDI（甲苯二异氰酸酯）。TDI具有低的蒸汽压，对人体眼角膜有强烈的刺激作用，造成眼部红肿。TDI蒸汽经人体吸入后，会损害人体肝、肾功能，长期接触高浓度的TDI蒸汽会致癌。在聚氨酯（PU）类油漆中，只有固化剂组分游离TDI低于0.5%，才对人体不会造成毒害作用。因为在低浓度下，游离TDI不易从体系中逸出，形不成能对人体产生毒害的TDI蒸汽。在现行国家标准中，规定油漆调配之后，游离TDI低于0.7%，那么单就固化剂组分来讲，实际上仍属于剧毒级，因为国内TDI聚合工业的水准问题，与发达国家差距甚大，所以从保护民族工业的角度出发，国家制定的标准范围较宽。

（5）重金属。人体摄入重金属过多，会造成慢性中毒。重金属影响儿童的生长发育，特别对儿童智力发育造成不良影响，部分重金属可在脑部及内脏器官中残留，对肝、肾等造成永久性伤害。

（6）邻苯二甲酸酯类增塑剂。此类增塑剂是挥发性油漆中用量最大、用途最为广泛的增塑剂，过去相当一段时间内认为其对人体没有毒害。但根据欧美最新的研究表明，此类增塑剂对成人健康没有明显的不良作用，但会对儿童的发育产生不良影响，主要是造成儿童性早熟。所以最近欧美标准中，已明确规定在儿童玩具中禁用此类增塑剂。

（7）VOC（挥发性有机化合物）。对人体呼吸系统、心血管系统及神经免疫系统有慢性危害，引发相关疾病，也是酸雨、光雾等环境问题的主要元凶。涂装作业的主要职业危害是吸入有机溶剂蒸汽。漆由成膜物质（各种树脂）、溶剂、颜料、干燥剂、添加剂组成。喷漆（硝基漆）及其稀释剂（香蕉水）中含多量苯或甲苯、二甲苯，在无防护情况下喷漆，作业场所空气中苯浓度相当高。据不完全统计，在我国油漆行业每年向大气排放约300万吨有机挥发物，直接对大气环境造成污染，破坏人类生存环境，损害人体健康。

由于油漆涂料中较多存在着甲苯、二甲苯等有机溶剂，现在市面上溶剂型油漆作业过程中，有60%溶剂（含有毒有害物质苯、甲苯、二甲苯等）要在作业现场挥发出来。喷漆时，整个房间弥漫着油漆颗粒，这些职业病危害因素对涂装工造成了一定的急慢性损害。以苯危害为例，急性苯中毒主要是由于短时间内吸入大量苯蒸气而引起，表现为中枢神经系统的症状。起初有眼黏膜刺激症状，随后出现兴奋或酒醉状态，并伴有头痛、头晕、恶心、呕吐等现象，严重时还可出现昏迷、抽搐、呼吸困难，进而可因呼吸和循环衰竭而死亡。慢性苯中毒最常见的为神经衰弱综合症，患者常感觉头痛、头晕、记忆力减退、失眠、乏力等，同时以造血系统的异常表现为主要特征，以白细胞减少最常见，进一步可发展为血小板和红细胞的减少，即再生障碍性贫血，甚至慢性苯中毒性白血病。

2. 钣金（电焊）工的职业病危害

电弧焊接时，焊条的焊芯、药皮和金属母材在电弧高温下熔化、蒸发、氧化、凝集，产生大量金属氧化物及其他物质的烟尘。电焊作业的职业病危害因素主要有电焊烟尘、金属锰及其化合物、氮氧化物、氟化物、臭氧、紫外辐射等，可导致劳动者发生电焊工尘肺、锰中毒以及中毒性呼吸系统疾病；焊接时产生强烈火的可见光和大量不可见的紫外线，对人体具有辐射作用，对人的眼睛有很强的刺激伤害作用，可导致电光性眼炎；电弧光含有红外线、紫外线和可见光，对人体具有辐射作用，可导致作业人员中暑、皮肤灼伤和眼睛视力下降等多种职业病。

电焊工尘肺发病与焊接环境、粉尘浓度、气象条件、通风状况、焊接种类、焊接方法、操作时间及电流强度等有密切关系。发病时间长短，与应用焊条成分关系明显。病变程度与肺内粉尘蓄积量有关，蓄积量主要取决于粉尘的浓度，分散度，接尘时间和防护措施，粉尘浓度越高，分散度越大，接尘工龄越长，防护措施差，吸入并蓄积在肺内的粉尘量越大，越易发生尘肺，病情越严重。此外，工人的个体因素和健康状况对尘肺发生也起一定作用。

二、汽车维修行业的职业病预防

汽车维修企业应按照国家有关法律法规、标准规范，以及安全生产监管部门的规定和要求，加强汽车维修有毒有害作业岗位职业健康管理，强化职业病危害防治主体意识，履行法定责任和义务，加强职业病的防护工作。

（1）建立健全职业健康管理制度。配备专职或兼职的职业健康管理人员。

（2）职业病危害因素的强度或者浓度应符合国家职业卫生标准。在职业活动中存在的各种有害的化学、物理、生物因素以及在作业过程中产生的其他职业有害因素应符合国家职业卫生标准，如生产过程中化学物质、粉尘的浓度、电离辐射的强度在国家职业卫生标准规定的范围内。

（3）职业病防护设施与职业病危害防护相适应。职业病防护设施是指在职业病防治工作中，为保护劳动者健康、治理职业病危害、预防职业病发生而采取的一切措施的总称，包括治理职业病危害的设备、采取的预防职业病发生的工程措施等。生产布局符合有害与无害作业分开的原则。合理的生产布局应当符合职业卫生要求，避免有害作业和无害作业交叉进行，便于集中作业管理。配备通风除尘等职业危害防护设施。设备、工具、用具等设施符合保护劳动者生理、心理健康的要求，避免因劳动组织和劳动制度不合理，劳动工具、用具、设备不符合要求，导致劳动者劳动强度过大、过度精神或者心理紧张，长时间在不良体位下作业等损害劳动者健康的情形发生。有配套的更衣间、洗浴间、孕妇休息间等卫生设施。各项卫生设施要能满足职业病防护设施和职工（包括孕期女工）卫生保健的需要。作业人员不应在产生粉尘、有毒物质等危害的区域饮水、进食和休息；不应穿工作服进入餐厅等非作业场所。

（4）配备符合标准的个人安全防护，并培训、指导、督促从业人员正确佩戴。个人使用的职业病防护用品是指劳动者职业活动中自身穿（佩）戴的特殊用品，以消除和减轻职业病危害因素对劳动者健康的影响。如防护帽、防护服、防护手套、防护眼镜、防护口（面）罩、防护耳罩（塞）、呼吸防护器和皮肤PPE等。维修作业人员要自觉增强安全防护意识，做好个人安全防护。上岗时，应穿戴好个体防护用品，根据维修工序的特点和产生职业病危害因素的种类，做好呼吸、眼部及皮肤防护。对可能发生职业中毒、人身伤害或其他事故的，应视实际需要，配备必要的抢救药品、器材，并定期检查更换。

（5）不断改善劳动条件。汽车维修所使用的漆料、溶剂（稀释剂）、油料等原（辅）料产品质量，应遵循无毒产品代替有毒产品，低毒产品代替高毒产品的原则进行选择。使用新工艺、新化学品时应进行职业病危害因素辨识和评估。水性漆是以水为稀释剂、不含有机溶剂的涂料，不含苯、甲苯、二甲苯、甲醛、游离TDI有毒重金属，无毒无刺激气味，是汽车涂装的发展趋势。汽车维修企业应积极改进生产方式和生产工艺，提高机械化水平，尽量使操作工人不接触和少接触职业病危害因素，如建立独立的喷漆房，使用水性漆等，大大降低职业病危害性。努力做好防尘、防毒、防暑降温工作和防噪音工程，进行经常性的卫生监测。对超过国家卫生标准的有毒有害作业点，应进行技术改造或采取卫生防护措施。

（6）落实作业场所职业病危害因素定期检测与评价制度。汽车维修企业每年还应至少对有职业病危害因素的维修场所进行一次职业病危害因素检测，告知职业病危害因素检测结果。

（7）建立健全从业人员职业健康监护制度。为接触职业病危害因素的作业人员建立职业健康监护档案，做好从业人员上岗前、在岗期间和离岗时的职业健康检查，并建立职业健康档案。对确诊为职业病的患者，应视情况调整工作岗位，并及时安排治疗或疗养。

不应安排有职业禁忌症的作业人员从事所禁忌的作业或相关作业。

（8）符合法律、行政法规和国务院卫生行政部门关于保护劳动者健康的其他要求。如，禁止中小学生和年龄不满18岁的青少年从事有毒有害生产劳动。禁止安排女职工在怀孕期、哺乳期从事影响胎儿、婴儿健康的有毒有害作业。

思　考　题

1. 什么是劳动防护用品？
2. 从劳动卫生学角度，劳动防护有哪几类？
3. 如何正确选择防护服？
4. 使用眼护具应注意哪些事项？
5. 使用安全鞋应注意哪些事项？
6. 说说汽车维修工应当普遍遵守的安全生产规则。
7. 机修工安全操作规程包括哪些？
8. 电工（空调）安全操作规程包括哪些？
9. 钣金工（焊接工）安全操作规程包括哪些？
10. 喷漆工安全操作规程包括哪些？
11. 简述喷漆工的职业病危害。
12. 简述钣金工（电焊工）的职业病危害。
13. 预防职业病应做好哪些工作？

第四章　汽车维修设施安全

汽车维修设施安全包括企业选址、厂区布局、建筑结构、建筑材料、工位安排、现场管理、用电安全、火灾防范、标志标线及涉及职业健康安全的防尘、防毒、防噪声、防高温等事项。不少汽车维修企业利用老旧库房或者租赁房屋作为维修厂房，缺乏整体设计，留有安全隐患，需要适时更新改造。企业应按照法律法规、标准规范的要求，为从业人员提供符合职业健康要求的工作环境和条件，配备与职业健康保护相适应的设施。

第一节　厂 区 布 局

科学有序的厂区规划与布置是给客户留下第一印象的重要项目，可以显示企业对顾客需求的全面关注和安全、快捷、高质量的维修水平，反映出企业服务顾客的理念和精神，从而提高企业信誉，增加企业经济效益。

一、维修厂区安全要求

1. 基本要求

(1) 汽车维修厂区布局要合理，保持整齐、清洁（图 4-1、图 4-2）。维修车间光线充足、通风良好、地面防滑，电路、气路、油路方便实用，车辆通道平坦畅通。以自然采光为主，夜间或气候因素致光线不足时，可补充人工照明。通风换气以保证作业人员正常工作为宜。

图 4-1　维修厂区指引

图 4-2　客户接待区

（2）设置维修功能区域。机修、钣金、打磨、抛光、喷烤漆等维修工序应分区布置，并设有显著区域划分标志（图 4-3）。禁止多工种在同一车间平行作业。严禁多工种同时在同一车辆上交叉作业。

图 4-3　进入维修车间

（3）有毒有害、高温、高压、坠落、飞溅的作业场所，必须有防护措施。

（4）有爆炸危险的气体或粉尘的工作场所，要使用防爆型电气设备。使用、储存涂料等危险品，应设置相应的通风、防火、防爆、防毒、防静电、隔离操作等安全设施。

（5）生产作业场所、仓库严禁住人。

2. 新建或改建要求

汽车维修企业生产空间安排涉及企业的厂址选择、总体布局及作业流程中的安全设计。《安全生产法》明确要求，生产经营单位新建、改建、扩建工程项目的安全设施，必须与主体工程同时设计、同时施工、同时投入生产和使用。企业从计划阶段起，就应比较多地考虑选址、布局方面的环境安全因素，达到布局合理、设计优良、措施得当的效果，这样对提高企业的生产效率、减少安全隐患具有重大意义。对已投产的汽车维修企业，也应在运作一段时间后，对已有的总体布置及作业流程，从环境安全的角度，审核其合理性，并作相应的调整，同样可以取得提高效率，减少安全隐患的效果。

1）汽车维修厂房建设应执行相关技术标准和规范

《汽车库、修车库、停车场设计防火规范》（GB 50067—1997）规定了新建、扩建和改建的修车库防火设计要求。

（1）防火类别与耐火等级。≤2 车位、3 ~5 车位、6 ~15 车位、>15 车位的汽车维修厂房防火类级应分别达到Ⅳ类、Ⅲ类、Ⅱ类、Ⅰ类。Ⅰ、Ⅱ、Ⅲ类的汽车维修厂房的耐火等级不应低于二级；Ⅳ类汽车维修厂房的耐火等级不应低于三级。

一般来说，一级耐火等级建筑是钢筋混凝土结构或砖墙与钢混凝土结构组成的混合结构；二级耐火等级建筑是钢结构屋架、钢筋混凝土柱或砖墙组成的混合结构；三级耐火等级建筑物是木屋顶和砖墙组成的砖木结构；四级耐火等级是木屋顶、难燃烧体墙壁组成的可燃结构。

（2）厂房设置。Ⅰ类汽车维修厂房应单独建造；Ⅱ、Ⅲ、Ⅳ类汽车维修厂房可设置在一、二级耐火等级的建筑物的首层或与其贴邻建造，但不得与甲、乙类生产厂房、库房、明火作业的车间或托儿所、幼儿园、养老院、病房楼及人员密集的公共活动场所组合或贴邻建造。

（3）特别要求。汽车维修厂房内不应设置汽油罐、加油机。

（4）消防车道。汽车维修厂房周围应设环形车道，当设环形车道有困难时，可沿建筑物的一个长边和另一边设置消防车道，消防车道宜利用交通道路。

（5）防火分区。危险货物运输车辆维修企业厂房防火分区的最大允许建筑面积不应超过 500m²。其他汽车维修厂房防火分区的最大允许建筑面积不应超过 2000m²。设有自动灭火系统的汽车维修厂房，其防火分区最大允许建筑面积可增加 1 倍。

（6）防火分隔措施。汽车维修厂房贴邻其他建筑物时，必须采用防火墙隔开。设在其他建筑物内的汽车维修厂房与其他部分应采用耐火极限不低于 3.00h 的不燃烧体隔墙和 2.00h 的不燃烧体楼板分隔，汽车维修厂房的外墙门、窗、洞口的上方应设置不燃烧体的防火挑檐。外墙的上、下窗间墙高度不应小于 1.2m。防火挑檐的宽度不应小于 1m，耐火极限不应低于 1.00h。汽车维修厂房内，使用有机溶剂清洗和喷漆的工段，当超过 3 个车位时，均应采取防火分隔措施。

2）汽车维修厂房建设还应符合其他相关标准的规定

《建筑设计防火规范》（GB 50016—2006）对厂房、仓库的火灾危险性类别、耐火等级及构件的燃烧性能和耐火极限、建筑层数、面积和平面布置、防火间距、防爆、安全疏散，以及消防车道、消防设施的设置均提出了相应要求。

3）建设工程项目管理

依法签订建设工程施工合同，火灾自动报警系统等项目的施工应由具有相应资质等级的施工单位承担。工程建设竣工应通过劳动、安全、卫生及消防设施经验收合格。

二、整体布局

厂区整体布置应根据从车辆进厂报修到修竣出厂全部维修过程需要，安排最合理的汽车修理工艺流程，将办公接待区、维修车间和设备合理布局，按工序需要合理安排人员，构成最有效的劳动组合，让客户舒心、安心、放心，使顾客产生信赖感。

1. 大型汽车维修企业

要在关键路段设置醒目标志与服务标示牌，要有足够的停车位，企业内外装修颜色协调，给顾客一种清爽宜人的感觉。设置能够展示企业经营特色、特种服务形式、具有创新意向的企业文化活动场所或设施，如教室、学习园地、服务板报等，既宣传了企业形象，又加深了员工对企业文化内涵的理解。

2. 中小型汽车维修企业

由于占地面积相对较小，所以一定要合理利用空间，最大度地发挥土地资源的优势，厂内的每个地方都要干净、整齐，给顾客一种层次分明、简洁利落的感觉。

三、业务厅设置

汽车维修企业的业务是维修车辆，但服务的对象是车主。业务大厅作为服务顾客的最直接场所，也是顾客透视企业文化内涵的重要场所，必须重点规划、优化布局。

1. 大型汽车维修企业

一是要设立业务接待柜台、汽车配件用品销售柜台、收款柜台，各种标志牌颜色及文字要醒目，收银柜台要专职专位，全部工作人员要统一着装，佩戴标志牌；二是要设立维修服务、跟踪服务、救援服务热线电话，墙柜上要有车辆维修档案卡；三是实现计算机信息化管理，这是现代企业管理发展的趋势，它可以以最快的速度获取市场信息和技术信息，提高工作效率，树立企业高科技管理的形象；四是设立宽敞、舒适的顾客休息室，提供娱乐设施、报纸杂志和饮料（饮水），展示维修服务的深度。如果维修质量和速度能够得到保证，并且价格合理，就会给顾客留下良好的印象，利用顾客之间的口碑效应，汽车维修企业对顾客的服务形式和内容将会吸引越来越多的顾客。

2. 中型汽车维修企业

大厅内悬挂和设置有关企业宗旨、优质服务、范围流程、企业服务形象和品牌以及引导客户进行定期维护的宣传告示、宣传画、宣传橱窗宣传台或宣传资料等，特别是维修频率高的作业项目要公开标价，如更换机油、定期维护等。根据资金状况，以较少的投资宣传企业形象，让顾客对企业放心，尽量缩小企业与顾客之间的距离。

3. 小型汽车维修企业

业务接待厅不必追求豪华，但一定要妥善处理好成本与档次之间的关系。业务接待厅的位置应设在车辆入口附近，能随时观察到车辆进出情况，方便业务人员进出仓库和车间；业务接待要微笑服务，站立接送顾客，以赢得顾客的好感和信任。

四、维修车间布置

维修车间是汽车维修企业的生产第一线，车间的硬件必须齐备，企业的健康发展才能得到保障。

1. 大型汽车维修企业

技术人员应有良好的职业道德、娴熟的职业技能，对故障能快速、准确地诊断，与客户沟通，以理服人，赢得顾客的信赖。设立技术部，展示先进的仪器仪表和完备的技术资料。

设立乘用车维修车位，让车主或顾客能在休息厅里直接观看或在监控电视上观看到车辆维修的全过程（如图4-4），让车主或顾客能直观地感受到配件充足、质量正宗、使用放心的企业形象。要针对主要维修车型，建立健全完善的工位组合，保证较高的专业化程度。车间要有检测诊断工位、高级轿车维修专用工位、快修工位、更换机油定期维护工位、一般维修工位和通路、总成大修车间和电气修理车间、先进的检测诊断仪器设备台、先进的维修专用工具箱、合理布局的零件仓库和工具库房（图4-5、图4-6）、干净的洗车场、维修专用停车场等。有辅助供应区，包括油料供应站、空气泵房、废料和旧料堆放区（图 4-7）。防止噪声影响，办公接待区应与生产区隔离开来，钣金车间应与其他车间分隔开来。

图 4-4　独立的客户休息区

图 4-5　专用工具

图 4-6　维修配件库

危险品存放点

维修废弃物回收

图 4-7　废料存放区

2. 中小型汽车维修企业

维修车间要能保障维修作业的顺利进行，尽可能地提高维修工位的利用率，合理布局零件仓库和工具库房，尽量减小维修工位、维修工具、配件库房三者之间的空间距离。这样不仅为维修工作带来方便，而且缩短了维修工期，提高了企业的生产效率。

车间要配备一定的技术资料、实用的维修专用工具，尽量减少配件库存。

五、电梯的配置

（1）签订电梯订货、安装、维修合同时，须符合劳动部门规定的有关安全要求。

（2）新购的电梯必须是取得国家有关许可证，并在劳动部门备案的单位设计、生产的产品。办理新安装电梯移交时，除应移交有关文件、说明书等资料以外，还须告知接受单位有关电梯的维修、检测和年审等事宜。

（3）电梯销售商须设立有经劳动部门备案认可的维修点或正式委托维修点。

（4）使用电梯必须取得劳动部门颁发的《电梯使用合格证》。

（5）负责管理电梯的单位，要切实加强电梯的管理、使用和维修、年审等工作。发现隐患要立即消除，严禁电梯带隐患运行。

六、职业卫生安全设施设置

易产生职业病危害的企业除应当符合法律、行政法规规定的条件外，其工作场所还应当符合职业卫生要求。汽车维修企业建设项目中，凡产生职业病危害的工艺和设备均应设置职业病危害防治设施（图4-8），且与主体工程同时设计、施工、投入生产和使用。

图 4-8　汽车尾气抽排系统

第二节　现场管理

生产现场管理是指用科学的管理制度、标准和方法对生产现场各生产要素，进行合理有效的计划、组织、协调、控制和检测，使其处于良好的结合状态，达到优质、高效、低耗、均衡、安全、文明生产的目的。现场管理包括现场的物料管理、生产计划管理、设备管理、工具管理、人员管理、“6S”（整理、整顿、清扫、清洁、素养、安全）管理等等。

一、现场管理的作用

现场管理水平是企业的形象、管理水平和精神面貌的综合反映，是衡量企业素质的重要标志。汽车维修企业生产现场以“6S”为基础，实行定置管理，有利于改善生产现场，消除“脏、乱、差”和“跑、冒、漏、滴”状况；改善员工精神面貌，培养和吸引一流的人才，提高企业管理水平，提高维修质量，保证安全生产，增强市场竞争力，增加经济效益和社会效益。

二、车间定置管理

定置管理是多元化功能的综合管理技术，它融合全面质量管理、工艺管理、安全文明生产、行为科学、工序管理、成本管理、劳动管理、动作研究、环保节能等一系列现代化管理为一体，以适应生产现场活动规律的要求。

定置管理是对生产现场中的人、物、场所三者之间的关系进行科学地分析研究，使之达到最佳结合状态的一门科学管理方法，它以物在场所的科学定置为前提，以完整的信息系统为媒介，以实现人和物的有效结合为目的，通过对生产现场的整理、整顿，把生产中不需要的物品清除掉，把需要的物品放在规定位置上，使其随手可得，促进生产现场管理文明化、科学化，达到高效生产、优质生产、安全生产。

定置管理中的定置不是一般意义上、字面理解的“把物品固定地放置”，而是根据生产活动的目的，考虑生产活动的效率、质量等制约条件和物品自身的特殊的要求（如时间、质量、数量、流程等），划分出适当的放置场所，确定物品在场所中的放置状态，作为生产活动主体人与物品联系的信息媒介，从而有利于人、物的结合，有效地进行生产活动。对物品进行有目的、有计划、有方法的科学放置。

定置管理内容较为复杂，在汽车维修企业中可粗略地分为企业区域定置、车间区域定置和可移动物件定置等。这里主要讲车间区域定置管理。

1. 定置管理的对象

（1）设备仪器：汽车检测诊断仪器、汽车维修通用设备、专用设备、计量器具等（图4-9、图4-10）。

（2）维修工具：工具箱、共用工具、自用工具。

（3）配件辅料：各种配件及包装材料、材料箱、油液、其他与生产有关的用品。

（4）清洁用品：扫把、拖布、废品储存器、吸尘器、抹布等。

（5）操作记录：桌椅、台账、记录本、笔、资料柜等。

（6）劳保用品：更衣柜、消防设施等。

（7）生活用具：手提包、衣物等。

图4-9　设备定置

图4-10　快修车间接油机定置

2. 定置管理程序

定置管理由车间（班组）负责人负责，组织岗位人员对生产现场中人与物的状态进行分析，使物品的管理规范化。

定置管理按如下顺序进行：作业、动作分析，确定定置对象、定置点、定置数量、定置物负责人，并检查考核。

3. 定置管理的具体要求

（1）维修作业人员工作位置和活动范围明确。

（2）维修与检测设备应按工艺流程合理布局，使维修作业按同一方向顺序流动，避免重复往返。

（3）汽车配件、辅料、油液等要分类定置。

（4）维修工具定位，共用工具区分种类、规格、型号统一存放，摆放整齐，标志清楚，随用随取，用完复位。自用工具箱（库）内物品的存放整齐有序、清洁，无与生产无关的物品。

（5）计量器具标志清楚，摆放整齐，保持清洁，位置合理。

（6）清洁用品（拖布、抹布等）放在洁具室内，废物储存器要定期清理、保持清洁，定点放置。

（7）桌椅排放位置符合生产管理的需要，维修作业记录、台账要摆放整齐。

（8）更衣柜内，衣物、鞋、帽要分类存放。

（9）消防器具数量和定置位置要符合消防安全规定摆放整齐，并应有明显标记。

（10）定置区标志线清楚、明显。

（11）定置区域严禁摆放不属于本定置区的非定置物品。

（12）保持定置物品及环境的卫生，随时保洁，每班彻底清扫、除尘。

（13）定置区域加强目视管理，按规定设置安全警示标志。如，在砂轮机、轮胎平衡机旁设置安全警示标志。

总之，有物必有位：维修作业现场物品各有其位，分区存放，位置明确；分类必标识：各种物品状态标识齐全、醒目、美观、规范；区域必标明：所有物品按区域标明位置，分类存放；不能越区、不能混放、不能占用通道。

第三节　用电安全

在现代社会的工农业生产和日常生活中广泛地应用电能。电能给人类造福，但是如果安装和使用不当，也会发生事故。因此，必须重视安全用电，了解安全用电知识。

一、触电的伤害

人由于不慎触及带电体，将产生触电事故。触电是指一定量和强度的电流或电量（静电）通过人体时，造成的机体损伤或功能障碍，甚至死亡。

电流对人体的伤害，可概括为电流本身及转换为电能后的热和光效应所引起的作用。大致有三种：电击、电伤和电磁场伤害。

(1) 电击。是指电流通过人体，使内部器官组织受到伤害。如果触电者不能迅速脱离带电体，则最后会造成死亡事故。电流对人致命的威胁是造成心脏的心室纤维性颤动，很快导致心跳停止；电流对神经中枢的危害，导致呼吸停止。

(2) 电伤。是指电流的热、化学和机械效应对人体的伤害。包括电弧烧伤、熔化金属溅出烫伤等。主要是局部的热、光效应，轻者皮肤灼伤，严重者灼伤面积大并可深达肌肉、骨骼，组织可出现黑色碳化。

(3) 电磁场伤害。是指在高频磁场的作用下，人会出现头晕、乏力、记忆力减退、失眠、多梦等神经系统症状。

触电还容易因剧烈痉挛而摔倒，导致电流通过全身并造成摔伤、坠落等二次事故。

二、触电伤害的影响因素

根据大量触电事故资料的分析和实验，证实电击所引起的伤害程度主要与通过人体电流的大小、持续时间的长短、电流通过人体的构成的回路、交流电的频率等因素有关。

(1) 与电流通过人体的时间长短有关。人的心脏在每一收缩扩张周期中间，约有 0.1 ~0.2s 的易损伤期。当电流在这一瞬间通过时，引起心室颤动的可能性最大，危险性也最大。触电时间越长，越易造成心室颤动，危险性越大。

(2) 与电流通过人体的途径有关。一般认为，心脏、肺脏、中枢神经和脊髓都是容易受伤害的器官，特别是电流通过心脏时，危险性最大。因此，电流流经身体的途径，以胸部至手、手至脚最为危险，通过臀部或背部、手至手也很危险，脚至脚的危险性较小。此外，电流经过大脑也是相当危险的，会使人立即昏迷。

(3) 与电流的大小有关。通过人体的电流越大，人体的生理反应亦越大。通过人体的电流值不同，人体会有不同的生理反应。人体对电流的反应虽然因人而异，但相差不甚大，可视作大体相同。根据人体反应，可将电流划分为三级：

①感知电流——引起人感觉的最小电流。感觉轻微颤抖刺痛，可以自己摆脱电源，此时大致为工频交流电 1mA 或直流电 5mA。感知电流一般不会对人造成伤害。但往往由于条件反射、可导致二次事故。

②摆脱电流——通过人体的电流逐渐增大，人体反应增大，感到强烈刺痛、肌肉收缩。但是由于人的理智还是可以摆脱带电体的，此时的电流称为摆脱电流，交流为 10mA，直流为 50mA。其电流人可以承受，但若时间过长，就会造成昏迷等严重后果。应当指出人体触电时间越长，摆脱电流的能力越弱。所以，一旦触电，若不及时摆脱，后果将越来越严重。

③致命电流——当通过人体的工频电流达到或超过 20 ~ 25 mA 时，人开始感觉到麻痹或剧痛，呼吸困难。若电流继续增大，人体的感觉会更痛苦，甚至呼吸麻痹，心脏开始颤动。当电流达到 100 mA 时，只需 3s 就会因心室颤动或呼吸窒息而死亡。这种在较短时间内危及生命的电流，称为致命电流。

（4）与人体电阻和外加电压有关。通过人体的电流决定于外加电压和人体电阻。人体的电阻越大，通过的电流越小，伤害越轻。研究结果表明，人体的电阻视人体各种组织器官而有所差异。据测量，人体表皮 0.05 ~ 0.2mm 厚的角质层电阻最大，为 1000 ~ 10000Ω，其次是皮肤、脂肪、骨骼、神经、肌肉等。但是，若皮肤潮湿、出汗、有损伤或带有导电性粉尘，人体电阻会下降到 800 ~ 1000Ω。所以在考虑电气安全问题时，人体的电阻只能按 800 ~ 1000Ω 计算。此外，人体不同，对电流的敏感程度也不一样，一般地说，儿童较成年人敏感，女性较男性敏感。患有心脏病者，触电后的死亡可能性更大。

（5）与人体和带电体的接触面积及电流的频率等因素有关。电流频率不同，对人体伤害也不同。据测，25～300Hz 的交流电流，对人体的伤害最严重。1000Hz 以上的交流电伤害程度虽然逐渐减轻，但高频高压也有致命的危险。

三、安全电压

人体的电阻通常是定值，加到人体的电压越高，通过人体的电流也就越大。安全电压是以人体允许电流与人体电阻的乘积为依据而确定的。

国家标准《安全特低电压 ELV 限值》（GB/T 3805—2008）规定了Ⅰ区段电压等级的限值，用以指导正确选择人体在正常和故障两种状态下使用各种电气设备，并处于各种环境状态下可触及导电零件的电压限值。电压限值的规定是针对正常和故障两种状态的，可以认为限值和低于限值的电压在规定的条件下对人体不构成威胁。该标准规定在干燥环境条件下，稳态直流电压限值为 70V；频率范围为 15Hz～100 Hz 稳态交流电压限值为安全电压为 33V。在潮湿环境条件下，上述限值相应折半，即稳态直流电压限值为 35V；频率范围为 15Hz～100Hz 稳态交流电压限值为安全电压为 16V。

考虑到人个体的电阻和耐受力等多种原因，每个人会对同样大小的电流感受和反映不同。在实际工作中，一般安全技术条件规定，流经人体的安全电流限值：50Hz 的交流电为 10mA，直流电为 50mA。

四、汽车维修安全用电

（1）电气设备必须符合相应防护等级的安全技术要求。各类电气设备和线路安装必须符合国家标准和规范，电气设备应有可熔保险和漏电保护，电气设备要绝缘良好，其金属外壳必须具有保护性接地或接零措施并定期进行完好性和灵敏性检验，以保证发生触电、漏电能迅速自动跳闸切断电源，保护人身安全。电气线路、设备安装应由持证电工负责。非持证电工不准装接电气设备。

（2）使用电器设备的相关人员必须经必要的培训，严禁违章操作各种用电设备。电器设备操作人员应注意与电绝缘，如戴绝缘手套，穿绝缘胶靴等。

（3）产生大量蒸气、腐蚀性气体或粉尘的工作场所，应使用密闭型电气设备；有易燃易爆危险的工作场所，应配备防爆型电气设备；潮湿场所和移动式的电气设备，应采用安全特低电压。

（4）电气设备及线路应注意防火、防潮。不准用水冲洗揩擦电气设备。电器设备、开关箱线路附近严禁堆放易燃易爆物。

（5）严禁私拉乱接电线或擅自加长电线。严禁超负荷用电。

（6）破损的电气设备应及时调换，不准使用绝缘损坏的电气设备。

（7）任何人不准玩弄电气设备和开关。不准调换容量不符的熔丝，不能任意加粗或用钢、铁、铝丝代替保险丝；安装和更换保险丝时，应先拉闸断电，然后装上符合要求的保险丝；如保险丝频繁熔断，应请电工查明原因，排除故障。

（8）未切断电源前，不准直接接触触电者。

（9）任何人不准启动挂有警告牌的电气设备。

（10）设备用毕，应切断电源。

第四节　火灾防范

目前，汽车维修企业火险隐患依然突出，特别是专项维修业户防火安全状况令人担忧。一些厂房建筑结构简陋、耐火等级低；有的厂房与住宅毗连在一起，甚至集作业间、库房、食宿于一室，既没有防火间距又没有防火墙；少数业户甚至用油毛毡搭建厂房。厂房内，电气线路混乱，电源线几乎都是临时线，乱拉乱接情况普遍；有的冬天还在车间内用电炉、火炉取暖。厂区内，易燃物品随意处置，汽油、废旧橡胶轮胎乱存乱放，同时进行焊接作业，火星飞溅，明火不断；吸烟问题严重，随地乱扔烟头；没有配置消防器材，自防自救能力差，有的不懂预防火灾的措施，不懂扑救火灾的方法，不会使用灭火器材，不会扑救初期火灾。

汽车维修企业要以安全生产标准化为契机，大力宣传搞好安全生产的重要性，全面普及防火安全知识，彻底改变“小散弱“的落后局面。

一、防火基本知识

结合汽车维修行业特点，了解防火基本知识，认真做好火灾防范工作，是大有裨益的。

1. 燃烧

燃烧，俗称“着火”，是可燃物与氧化剂作用发生的放热反应，通常伴有火焰、发光和（或）发烟现象。

2. 燃烧的特点

（1）气体的燃烧特点：气体的分子比较简单，无需经过分解蒸发过程，直接燃烧，燃烧速度快。

（2）液体的燃烧特点：可燃液体燃烧是液体蒸气进行燃烧，其燃烧与否、燃烧速率等与液体的蒸气压、闪点、沸点和蒸发速率等性质有关。

（3）固体的燃烧特点：固体燃烧必须经过受热蒸发、热分解过程，使固体上方可燃气体浓度达到燃烧极限才能持续不断地发生燃烧。

3. 燃烧的类型

掌握燃烧类型的有关知识，对于了解物质的火灾危险性和预防、扑救火灾是非常重要的。

（1）闪燃：在一定温度下，液体（固体）表面上能产生足够的可燃蒸气，遇火能产生一闪即灭的燃烧现象。

（2）着火：可燃物在氧气中受火源的作用表面发生持续燃烧的现象。

（3）自燃：可燃物在没有外部明火焰等火源作用下，因受热或自身发热并蓄热所产生的燃烧现象。

（4）阴燃：没有火焰的缓慢燃烧现象。

（5）爆燃：以亚音速传播的爆炸。

4. 燃烧的必要条件

只有具备了可燃物、温度、氧化剂这三个必要条件，燃烧才能够发生。

5. 燃烧的充分条件

要使燃烧能够持续发生，必须同时具备如下条件：

（1）一定的可燃物浓度；

（2）一定的氧气含量；

（3）一定的着火能量；

（4）未受抑制的链式反应。

阻止燃烧，至少需要破坏上述四个要素中的一个。

6. 火灾

火灾是指在时间和空间上失去控制的燃烧所造成的灾害。

7. 火灾分类

火灾按燃烧物大体划分为四类。

（1）A类火灾：固体物质火灾，如木材、棉、纸等。

（2）B类火灾：液体火灾和可溶化固体火灾，如汽油、沥青等。

（3）C类火灾：气体火灾，煤气、天然气等。

（4）D类火灾：金属火灾，如钾、钠等。

8. 室内火灾发展过程

大致分为四个阶段：

（1）火灾初起阶段；

（2）火灾发展阶段；

（3）火灾燃烧猛烈阶段；

（4）火灾熄灭阶段。

9. 灭火的基本措施

主要是控制可燃物，隔绝空气，消除着火源，阻止火势蔓延。

10. 灭火的基本原理

（1）冷却灭火（水）：把燃烧的物质用水冷却到其燃点以下。

（2）窒息灭火（CO_2、N_2、水蒸气）：降低燃烧区域内的氧浓度到一定的数量下。

（3）隔离灭火（关阀门、泡沫灭火器）：把可燃物和引火源分隔开来，燃烧就会自动中止。

（4）化学抑制灭火（干粉灭火气）：通过化学反应的方式，把极其活泼的自由基 H·、O 消灭掉，从而达到灭火的目的。

11. 灭火器的配置

灭火器是常见的防火设施之一。

1）选择要求

《建筑灭火器配置设计规范》（GB 50140－2005）规定，灭火器的选择应考虑灭火器配置场所的火灾种类、危险等级、灭火器的灭火效能和通用性、灭火剂对保护物品的污损程度、灭火器设置点的环境温度、使用灭火器人员的体能等因素，灭火器的配置数量应符合标准规定。标准还规定，当同一灭火器配置场所存在不同火灾种类时，应选用通用型灭火器。在同一灭火器配置场所，当选用两种或两种以上类型灭火器时，应采用灭火剂相容的灭火器。汽车维修企业宜选用磷酸铵盐干粉灭火器、碳酸氢钠干粉灭火器、二氧化碳灭火器或卤代烷灭火器。

2）设置注意事项

（1）灭火器应放置于干燥通风、位置明显、方便取用的部位，要远离明火、高温的区域，且不得影响安全疏散。

（2）对有视线障碍的灭火器设置点，应设置指示其位置的发光标志。

（3）灭火器的摆放应稳固，其铭牌应朝外。手提式灭火器宜设置在灭火器箱内或挂钩、托架上，其顶部离地面高度不应大于1.50m；底部离地面高度不宜小于0.08m。灭火器箱不得上锁。

（4）灭火器不宜设置在潮湿或强腐蚀性的地点。当必须设置时，应有相应的保护措施。灭火器设置在室外时，应有相应的保护措施。

（5）灭火器不得设置在超出其使用温度范围的地点。

12. 干粉灭火器的使用

干粉灭火器（图4-11）最常用的开启方法为压把法。将灭火器提到距火源适当位置后，先上下颠倒几次，使筒内的干粉松动，然后将喷嘴对准燃烧最猛烈处，拔去保险销，压下压把，灭火剂便会喷出。开启干粉灭火棒时，左手握住其中部，将喷嘴对准火焰根部，右手拔掉保险卡，旋转开启旋钮，打开贮气瓶，滞时1～4s，干粉便会喷出灭火。

手提式干粉灭火器

推车式干粉灭火器

图4-11　干粉灭火器

13. 灭火器的检查与维修

《消防法》第十六条第一款第三项规定，机关、团体、企业、事业等单位对建筑消防设施每年至少进行一次全面检测，确保完好有效。

为了使灭火器始终处于良好的正常状态，能真正发挥出扑灭初起火灾的作用，加强灭火器的维护是一项很重要的工作。因此，企业应做到每个月定期检查灭火器是否放置在原设定位置，有无影响取用和使用的情况；查看保险销是否完好，筒体有否变形锈蚀，喷嘴是否堵塞。还应经常查看灭火器压力指示器的指针所在区域，绿色表明灭火器内部工作压力正常；黄色表明压力过高；红色表明压力过低。

根据相关规范的要求，灭火器只要低于正常工作压力值的必须进行检修；出厂期满 5 年的，首次维修以后每满 2 年必须进行维修检验；开启使用过的，缺少零部件的，存在机械损伤的，明显锈蚀的，铅封、销闩等保险装置损坏或遗失的，灭火剂泄露的，喷射软管存在龟裂的，喷嘴堵塞的，贮压式灭火器压力指示器指针不在绿色范围内的，应当进行检验维修；遇有专业机构人员或者业主要求检验的，也可以进行检验维修。灭火器每次使用后，必须送到维修单位检查，更换已损件，重新充装灭火剂和驱动气体。

14. 灭火器的报废

《灭火器维修与报废规程》（GA 95 – 2007）规定，筒体、器头、钢瓶受损、失效、检查不合格，以及被火烧过的灭火器，必须报废。干粉灭火器从出厂日期算起，达到 10 年的，必须报废。

二、汽车维修企业防火工作要点

汽车维修企业，尤其是危险货物运输车辆维修企业，不同程度上存在火灾隐患。为了避免火灾发生，确保万无一失，汽车维修企业应从杜绝火种、保护重点、完善体系、制定预案等方面入手，认真做好安全防火工作。

1. 杜绝火种

杜绝火种是消防工作重中之重。要针对产生火种的各种可能性，采取严格的预防措施。例如，安排安全人员值班，坚持巡回检查并记录，及时消灭火种；确定吸烟场所和明火使用规范，禁止厂区出现游烟、野火；制作防火标志，禁止车库、油库、材料库等要害部位出现烟火；制定防火规范，不准随地焚烧垃圾废料，不准随地乱倒废油废渣，不准在油箱旁用火，不准私接乱用电器设备等。

2. 保护重点

汽修企业要根据自身实际，逐项列出可能发生火警火灾的重点部位，有的放矢地采取保护性预防措施。例如，汽油库、存放涂料等易爆易燃危险物品的材料库，应列为重点保护对象；停车场、维修车间车辆较多，应事先设置安全疏散通道并随时畅通；零件库、发动机修理工作室、配电间、喷漆房以及其他有可能出现火警火灾的场所，均应配足相应的消防设施。

3. 完善体系

首先，汽车维修企业应建立健全由企业负责人担任第一责任人的消防安全组织机构，按企业规模形成多级管理网络，按车间、部门划分若干责任区域，做到消防安全无盲点。其次，企业应配置符合规定的消防设施，在维修车间等防火重点部位，应按规定设置安全门，随时保持安全通道道路畅通，应按数量充足、规格型号适当的原则配备消防器材，定点存放，专人保管，定期检查。

4. 制定预案

汽车维修企业要分析可能发生的火灾特点，提前制订消防预案，防患于未然。汽车维修企业一般由办公用房、维修车间、材料库及停车场等组成，其中维修车间又划分机修、钣金、喷涂等若干班组，分别存在着火警危险。由于汽车维修的特点，决定了产生火灾的区域不定性、类型综合性和危害严重性，为此，必须做好预警，制订应急预案，并做好演练。

三、汽车维修企业防火规定

防火工作，人人有责。汽车维修企业应建立规章制度，调动全员防火积极性。

（1）汽车维修工作区域内严禁吸烟（图4-12）。钣金车间不准用油，其他车间不准用火。确需动用明火时，必须严格遵守各项安全规定和操作流程，采取妥善的防护措施，并经有关领导批准，在专人监护下进行，做到用火不离人、人离火灭。焊接带油污的部件，压力容器、油箱和其他危险物品时，必须预先做好防护。

图4-12　维修车间禁止吸烟

（2）正确安装、使用电器设备和燃油、燃气设备。

（3）易燃、易爆物品的运输、贮存、使用、废品处理等，要严格执行有关安全规定。车间、工作间不得存放易燃易爆和有毒物品。易燃、易爆、腐蚀等物品必须分类妥善存放，严格管理，并具备相应的安全保护措施和设施，严格消除可能发生火种的一切隐患，易燃易爆危险物品应有专用的库房，非特定人员不得随意入内。

（4）企业应按规范设置符合国家规定的消防安全疏散指示标志和应急照明设施。在易发生火灾部位配置适当类型消防器材，并设置禁烟、禁火标志。

（5）各种消防器材、工具应按照消防规范配备与维护。消防器材按规定挂放在明显位置，不准随便动用，并定期进行检查、维护，保持良好的技术状态。各种防护器具应定点存放在安全、便于取用的地方，并有专人负责保管，定期校验和维护。

（6）安全员负责消防设施日常使用管理，每日检查消防设施的配置状况，保持设施整洁、卫生、完好，发现异常，及时安排维修或补充。对存在的火灾隐患，进行逐项登记，限期整改，同时要做好隐患整改情况记录。

（7）企业员工应掌握消防知识、熟悉消防器材的使用方法。

（8）企业应保持疏散通道、安全出口畅通，严禁占用疏散通道，严禁在安全出口或疏散通道上上锁或安装栅栏等影响疏散的障碍物。保持防火门、消防安全疏散指示标志、应急照明、机械排烟送风、火灾事故报警等设施处于正常状态，并定期组织检查、测试和维护。

（9）企业任何员工都有义务和权利制止、拒绝和揭发违反安全生产的一切行为。有义务积极参加灭火、救灾、应急突发事件。

第五节　安 全 标 志

安全标志是由图形符号、安全色、几何形状（边框）或文字构成的用以表达特定安全信息的标志。安全标志用以向工作人员警示工作场所或周围环境的危险状况，指导人们采取合理行为，提醒工作人员预防危险，从而避免事故发生；当危险发生时，能够指示人们尽快逃离，或者指示人们采取正确、有效、得力的措施，对危害加以遏制。安全标志不仅类型要与所警示的内容相吻合，而且设置位置要正确合理，否则就难以真正充分发挥其警示作用。

一、有关标准

1.《安全标志及其使用导则》（GB 2894—2008）

《安全标志及其使用导则》（GB 2894—2008）系强制性国家标准。该标准参照国际标准化组织 IS0 7010 Graphica1 symbo1s—Safety co1ours and safety signs—Safety signs used in workp1aces and pub1ic areas（图形符号——安全颜色和安全标志——工作场所和公共区域安全标志），结合《标志用公共信息图形符号》GB/T 10001 和《消防安全标志》GB 13495 进行了修订、补充。

1）最近修订内容

该标准对原国家标准《安全标志》GB 2894—1996、《安全标志使用导则》GB 16179—1996 和《激光安全标志》GB 18217—2000 进行合并、修订，内容的变化主要有：

（1）按照 GB/T 1.1 的要求，将 GB 2894—1996、GB 16179—1996 和 GB 18217—2000 进行了合并、补充及修改，重新起草了标准文本；

（2）调整了适用范围；

（3）新增加了 38 个图形符号：禁止叉车和厂内机动车辆通行、禁止推动、禁止伸出窗外、禁止倚靠、禁止坐卧、禁止蹬踏、禁止伸入、禁止开启无线移动通信设备、禁止携带金属物或手表、禁止佩戴心脏起搏器者靠近标志、禁止植入金属材料者靠近、禁止游泳、禁止滑冰、禁止携带武器及仿真武器、禁止携带托运易燃及易爆物品、禁止携带托运毒物品及有害液体、禁止携带托运放射性及磁性物品、当心自动启动、当心碰头、当心挤压、当心夹手、当心有犬、当心高温表面、当心低温、当心磁场、当心叉车、当心跌落、当心落水、当心缝隙、必须佩戴遮光护目镜、必须洗手、必须接地、必须拔出插头、应急避难场所、击碎板面、急救点、应急电话、紧急医疗站；

（4）对5个图形符号进行了修改：禁止触摸、禁止饮用、当心吊物、当心障碍物、当心滑倒；

（5）减少1个图形符号：当心瓦斯；

（6）规定了新增、修改后安全标志图形应设置的范围和地点、型号的选用、设置高度以及使用的要求等内容。

2）主要内容

该标准规定了传递安全信息的标志及其设置、使用原则。该标准适用于公共场所、工业企业、建筑工地和其他有必要提醒人们注意安全的场所。该标准共计十章，分别为范围、规范性引用文件、术语和定义、标志类型、颜色、安全标志牌的要求、标志牌的型号选用、标志牌的设置高度、安全标志牌的使用要求、检查与维修。

该标准规定了标志类型。安全标志分禁止标志、警告标志、指令标志和提示标志四大类型。

该标准给出了标志的定义。环境信息标志所提供的信息涉及较大区域的图形标志，种类代号为H。局部信息标志所提供的信息只涉及某地点，甚至某个设备或部件的图形标志，种类代号为J。

2.《工作场所职业病危害警示标识》（GB Z 158—2003）

国家职业卫生标准《工作场所职业病危害警示标识》（GB Z 158—2003）规定了在公共场所设置的可以使劳动者对职业病产生警觉，并采取相应防护措施的图形标识、警戒线警示语句和文字。企业应各种场所实际情况，组合使用各类警示标识。

二、汽车维修企业常用安全标志

汽车维修企业应根据作业场所的实际情况，按照《安全标志及其使用导则》（GB 2894—2008）及企业内部规定，在有较大危险因素的作业场所和设备设施上，设置明显的安全警示标志，进行危险提示、警示，告知危险的种类、后果及应急措施等。

1. 禁止标志

汽车维修企业常用禁止标志见表4-1。

汽车维修企业常用禁止标志　　　　表4-1

编号	图形标志	名　　称	标志种类	设置范围和地点
1-1		禁止吸烟 No smoking	H	有甲、乙、丙类火灾危险物质的场所和禁止吸烟的公共场所等，如，木工车间、油漆车间、沥青车间、纺织厂、印染厂等
1-7		禁止启动 No starting	J	暂停使用的设备附近，如设备检修、更换零件等
1-11		禁止乘人 No riding	J	乘人易造成伤害的设施，如：室外运输吊篮、外操作载货电梯框架等

续上表

编号	图形标志	名称	标志种类	设置范围和地点
1-17		禁止跨越 No striding	J	禁止跨越的危险地段，如专用的运输通道、带式输送机和其他作业流水线，作业现场的沟、坎、坑等
1-19		禁止跳下 No jumping down	J	不允许跳下的危险地点，如：深沟、深地、车站站台及盛装过有毒物质、易产生窒息气体的槽车、贮罐、地窖等处

2. 警告标志

汽车维修企业常用警告标志见表4-2。

汽车维修企业常用警告标志 表4-2

编号	图形标志	名称	标志种类	设置范围和地点
2-1		注意安全 Warning danger	H. J	易造成人员伤害的场所及设备等

续上表

编号	图形标志	名　　称	标志种类	设置范围和地点
2-2		当心火灾 Warning	H. J	易发生火灾的危险场所，如：可燃性物质的生产、储运、使用等地点
2-17		当心挤压 Warning crushing	J	有产生挤压的装置、设备或场所，如自动门、电梯门、车站屏弊门等
2-36		当心跌落 Warning drop（fall）	J	易于跌落的地点，如：楼梯、台阶等

3. 指令标志

汽车维修企业常用指令标志见表4-3。

汽车维修企业常用指令标志　　表4-3

编号	图形标志	名　称	标志种类	设置范围和地点
3-2		必须佩戴遮光护目镜 Must wear opaque eye protection	J. H	存在紫外、红外、激光等光辐射的场所，如电气焊等
3-3	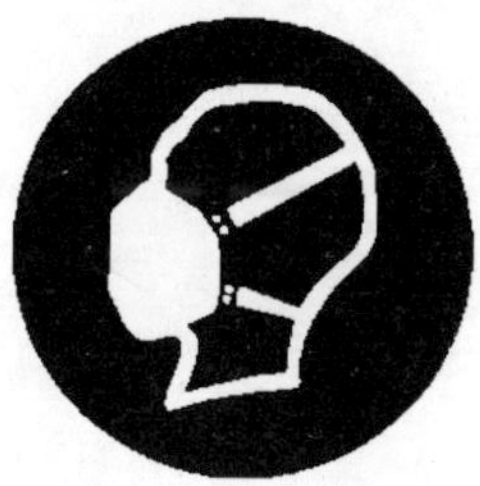	必须戴防尘口罩 Must wear dustproof mask	H	具有粉尘的作业场所，如：纺织清花车间、粉状物料拌料车间以及矿山凿岩处等
3-4		必须戴防毒面具 Must wear gas defence mask	H	具有对人体有害的气体、气溶胶、烟尘等作业场所，如：有毒物散发的地点或处理由毒物造成的事故现场
3-16		必须穿防护服 Must wear protective clothes	H	具有放射、微波、高温及其他需穿防护服的作业场所

续上表

编号	图形标志	名　称	标志种类	设置范围和地点
3-22		必须戴防护手套 Must wear protective gloves	H. J	易伤害手部的作业场所，如：具有腐蚀、污染、灼烫、冰冻及触电危险的作业地点
3-32		必须穿防护鞋 Must wear protective shoes	H. J	易伤害脚部的作业场所，如：具有腐蚀、灼烫、触电、砸（刺）伤等危险的作业地点

三、安全标志设置

国家标准《安全标志及其使用导则》（GB 2894—2008）规定，安全标志牌设置的高度，应尽量与人眼的视线高度相一致。悬挂式和柱式的环境信息标志牌的下缘距地面的高度不应小于2m；局部信息标志的设置高度应视具体情况确定。

标准还规定，标志牌应设在与安全有关的醒目地方，并使大家看见后，有足够的时间来注意它所表示的内容。环境信息标志宜设在有关场所的入口处和醒目处；局部想标志应设在所涉及的相关危险地点或设备（部件）附近的醒目处。标志牌不应设在门、窗、架等可移动的物体上，以免标志牌随母体物体相应移动，影响认读。标志牌前不得放置妨碍认读的障碍物。标志牌的平面与视线夹角应接近90°，观察者位于最大观察距离时，最小夹角不低于75°。标志牌应设置在明亮的环境中。多个标志牌在一起设置时，应按警告、禁止、指令、提示类型的顺序，先左后右、先上后下地排列。标志牌的固定方式分附着式、悬挂式和柱式三种。悬挂式和附着式的固定应稳固不倾斜，柱式的标志牌和支架应牢固地连接在一起。

关于标志牌的型号选用，标准在附录 A 中规定，车间入口处、厂区内和工地设 5 型或 6 型；车间内设 4 型或 5 型，局部信息标志牌设 1 型、2 型或 3 型。

思　考　题

1. 汽车维修厂区安全生产基本要求有哪些?
2. 新建或改建汽车维修企业在安全生产方面要注意哪些?
3. 汽车维修企业建设项目中，涉及产生职业病危害的工艺和设备项目，可以后期进行吗?
4. 什么是生产现场管理?
5. 生产现场管理的作用是什么?
6. 定置管理的对象包括哪些?
7. 定置管理的要求有哪些?
8. 燃烧的必要条件有哪些?
9. 燃烧的充分条件有哪些?
10. 燃烧的类型有几种?
11. 放置灭火器应当注意什么?
12. 干粉灭火器如何使用?
13. 汽车维修企业防火应做好哪些工作?
14. 安全标志的作用是什么?
15. 安全标志有哪几大类?
16. 简述汽车维修企业常用的安全标志。
17. 设置安全标志应注意什么?

第五章　汽车维修设备使用安全

汽车维修企业的设备按照《汽车维修业开业条件》（GB/T 16739—2004）的要求可分为量具、工具、通用设备、专用设备及检测设备，本章针对汽车维修企业必备的仪器、仪表、工具、设备，从基本安全操作的角度作逐一介绍。

第一节　检 测 仪 器

一、通用检测仪表

1. 万用表

万用表用来进行电流、电压、电阻及导线通段性的检测设备，万用表是汽车检测和维修过程中最常见的一种仪表，常见的万用表有指针式和数字式两种，如图 5-1 所示。

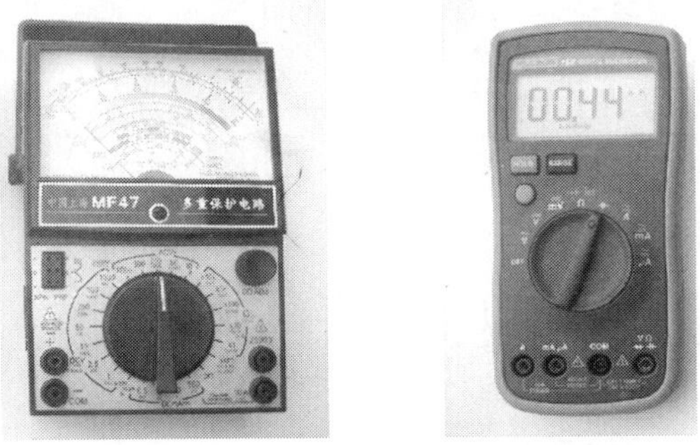

a) 指针式　　b) 数字式

图 5-1　万用表

在万用表的使用过程中应当注意以下事项：

（1）使用前应当检查万用表外观、表笔是否有损坏的绝缘或裸露的金属、表笔的通断性，并注意连接插座附近的绝缘性。使用前可通过测量已知电压的方式确认仪表工作正常，不要使用已损坏的万用表。测量时注意交流电、直流电的转换，避免触电。

（2）测量电流时，在万用表接入线路之前关闭线路的电源，将万用表串入被测电路，如图 5-2 所示；测量电压时，应将表笔并联在被测电路中，如图 5-3 所示。

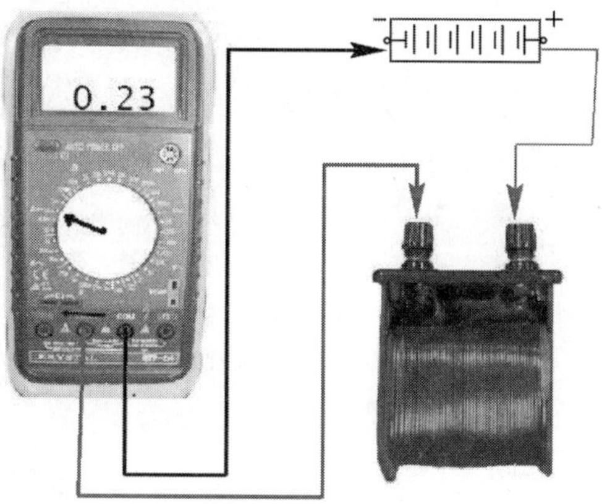

图 5-2　万用表测量电流接线图

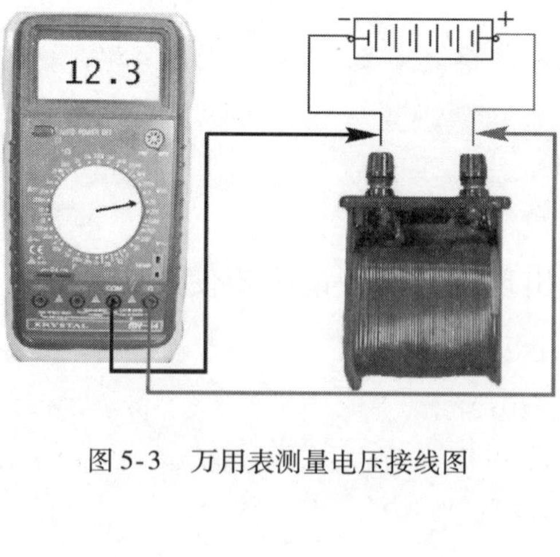

图 5-3　万用表测量电压接线图

(3) 测量电路中的电阻时，应当切断电源，如图 5-4 所示。

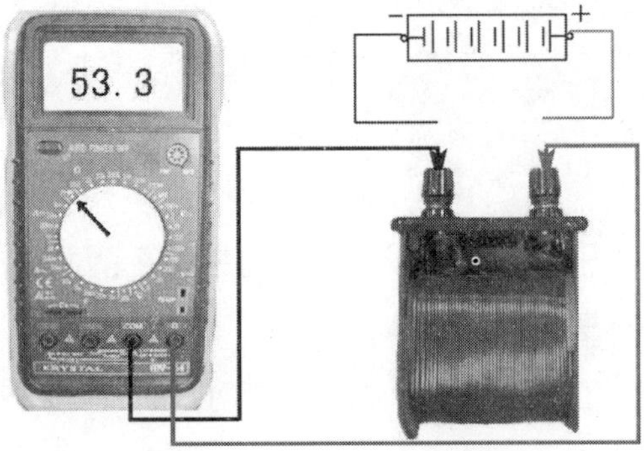

图 5-4　万用表测量电阻接线图

(4) 测量电容时，应将电容插入电容插座中，不能用表笔直接测量，如图 5-5 所示。

(5) 打开万用表的电池盖或外壳前，表笔必须从电路中断开，电源必须处于关闭状态，避免电击；万用表的电池盖或外壳一部分被拆下或松开时，切勿使用仪表，如图 5-6 所示。

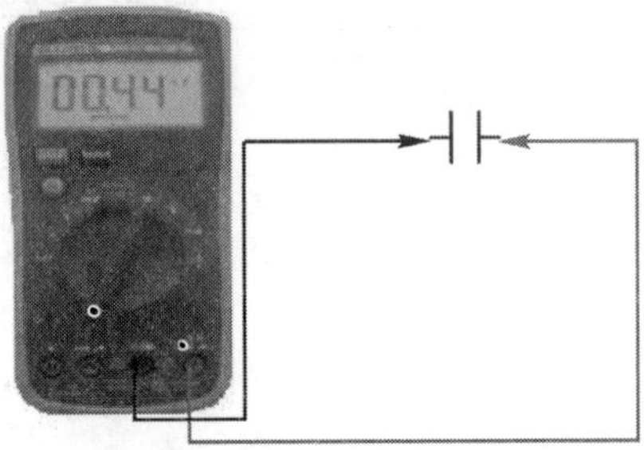

图 5-5　万用表测量电容接线图

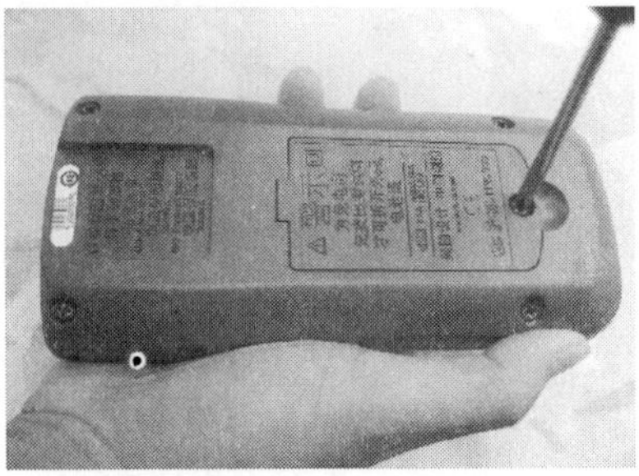

图 5-6　拆下万用表电池盖

(6) 当操作出现异常时，请不要使用万用表，因此时保护可能已损坏。

(7) 不要在爆炸性的气体、蒸汽或灰尘环境中使用万用表。

(8) 不要在任何两个端子或任何端子与搭铁之间，输入超过仪表上标明的额定电压。

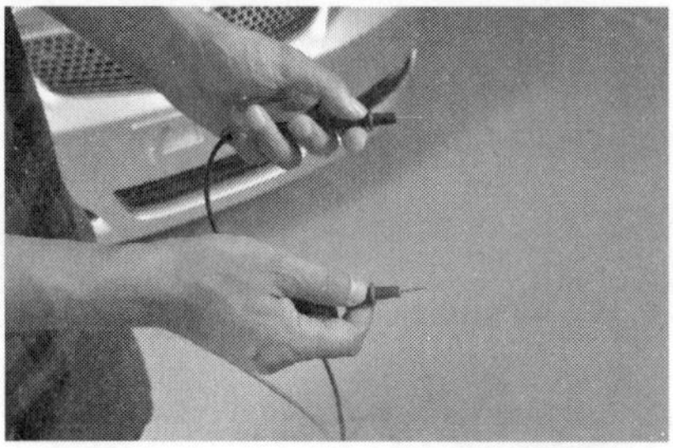

图 5-7　手指在表笔挡手后面

（9）在测量交流电压 30V 均值、42V 峰值或直流电压 60V 以上时，请特别留意，此类电压会导致电击危险。

（10）使用表笔时，保持手指在表笔的挡手后面，如图 5-7 所示。

2. 真空表

测量进气歧管的真空度是诊断发动机工作状况的一种方法，进气歧管的真空度用真空表（图 5-8）来测量。测量时，需要将真空表的软管连接到进气歧管真空源或进气歧管、节气门体上某点（图 5-9），必要时在进气歧管上安装专用接头。

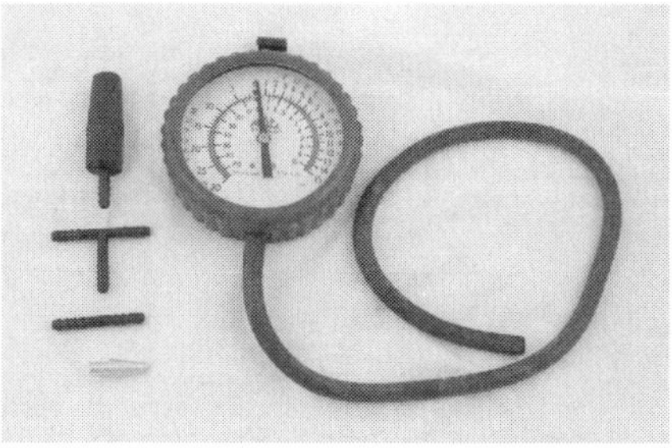

图 5-8　真空表

图 5-9　真空表的连接

3. 外径千分尺

千分尺又称螺旋测微器，是一种精密的测量工具，测量精度可达到 0.01mm。按照用途可分为外径千分尺（图 5-10）和内径千分尺。使用过程中应注意以下事项：

（1）外径千分尺只限于用来测量精密零部件（图 5-11），不得用来测量

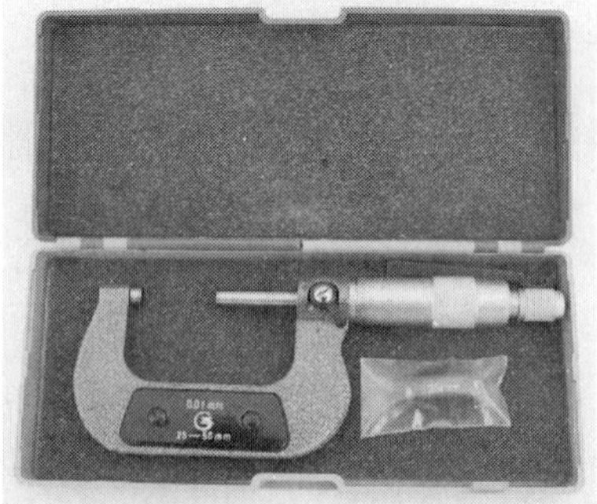

图 5-10　外径千分尺

毛坯等粗糙表面。不得用来测量运转或高温的部件；不得将外径千分尺当卡规或当锤子等使用。

（2）校准棒要保持完好无损。当必须拆卸维护时，应特别注意防止螺纹碰撞。使用时不可用力拧紧微分筒，如图 5-12 所示。

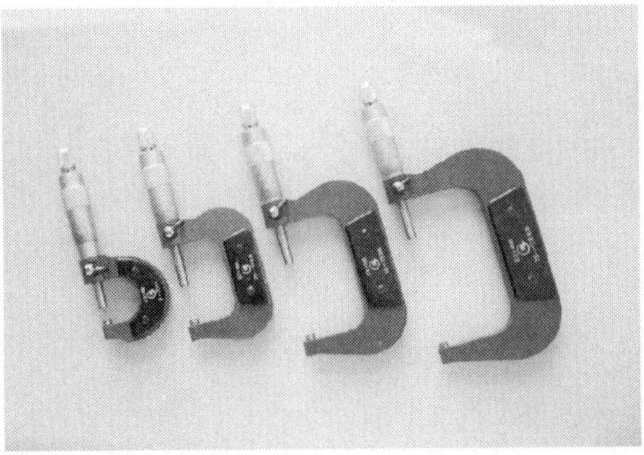

图 5-11　各规格外径千分尺

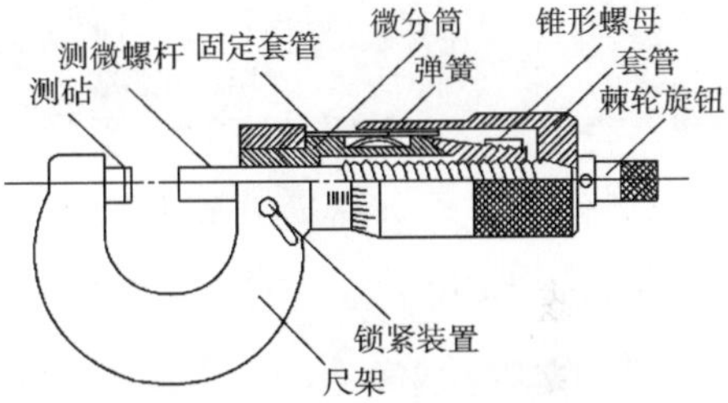

图 5-12　外径千分尺的结构

（3）使用千分尺前先要检查其零点是否校准，如图 5-13 所示；测砧与测微螺杆间接触面要保持干净；检查微分筒的端面与固定套管上的零刻度线是否重合。

（4）检查千分尺零位是否校准时，要使测微螺杆和测砧接触，防止发生向后旋转时测量装置两者不分离的现象。

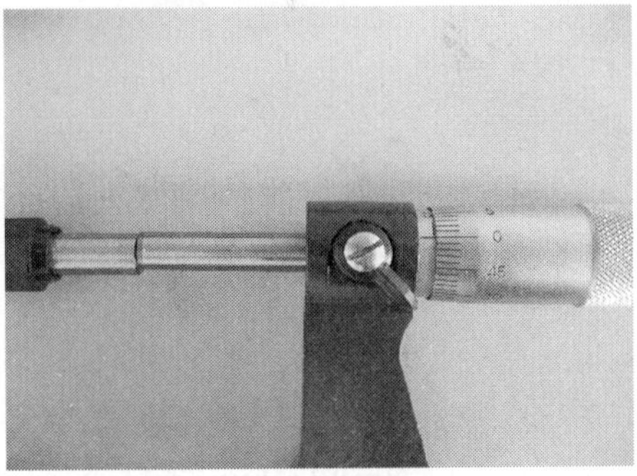

图 5-13　外径千分尺的零位校准

（5）千分尺放置在工作间内时间要足够长，以便适应房间温度，避免突变温度影响测量精度。测量时必须在恒定的测量压力下进行。

（6）使用时，必须轻拿轻放，不可随意丢放或摔打，如图 5-14 所示；不使用时，将测量面保留 0.5 ~ 1mm 间隙，擦拭防锈油，存放于盒内，如图 5-15 所示。

图 5-14　外径千分尺禁止随意丢放

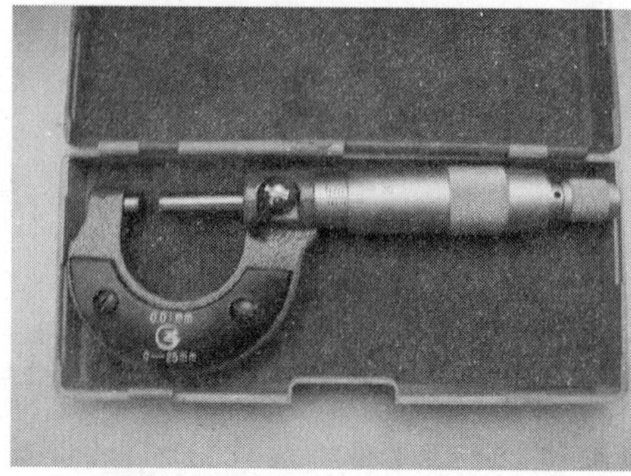

图 5-15　外径千分尺的存放

4. 厚薄规

厚薄规又称塞尺，用于测量零件的配合间隙，例如测量气门或活塞环槽等的间隙。厚薄规是由一组不同厚度的薄钢片组成，如图 5-16所示。测量时应注意以下事项：

（1）一个厚薄规钢片不能测量间隙时，可根据每条钢片的厚度标示，用 2 个或 3 个钢片组合一起使用，如图 5-17 所示。

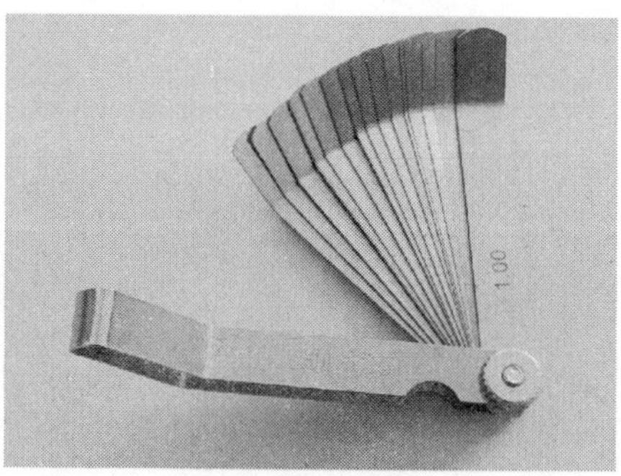

图 5-16　厚薄规

图 5-17　厚薄规上标示了每条钢片的厚度

（2）测量时将不用的钢片收起来，尽可能使用最少的钢片进行测量，如图 5-18 所示。

（3）钢片薄而且易断，测量时动作要轻。禁止强行将钢叶片推入待测部位，防止钢叶片的变形或损坏。

（4）使用时应尽量减少钢片与被测表面的摩擦，提高钢片的使用寿命和精度。使用后应将钢片擦拭干净，并收回到保护壳内。

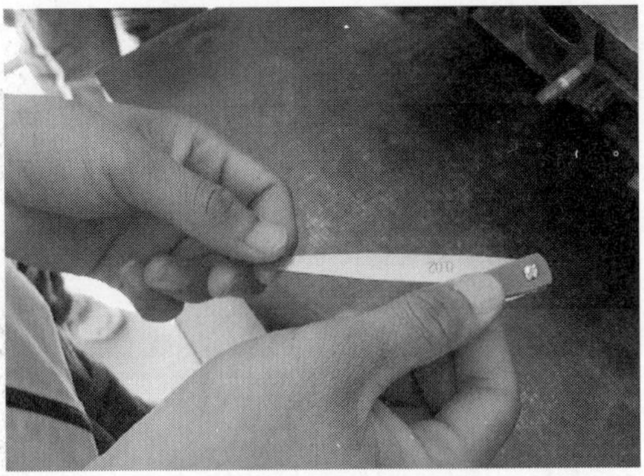

图 5-18　测量片的保护

5. 游标卡尺

游标卡尺是汽车维修过程中使用最广泛的测量仪器，是一种测量长度、内外径、深度的量具。游标卡尺由主尺和附在主尺上能滑动的游标副尺两部分构成，如图 5-19 所示。汽车维修工作中，0. 02mm 精度的游标卡尺使用最多。操作使用时应当注意以下事项：

（1）根据待测工件尺寸选择合适规格的游标卡尺。保持游标卡尺和被测工件表面清洁，使用前要确认卡尺无损伤、尺身移动灵活。零点标正时，将量爪并拢，游标副尺和主尺的零刻度线应对齐，如图 5-20 所示。

（2）测量时应先拧松紧固螺钉，移动游标副尺不能用力过猛，两量爪与待测工件的接触不宜过紧，不能使被夹紧的工件在量爪内挪动（图 5-21），不要在磁性环境和工件运动时测量，避免发生事故和测量面的磨损，使用时要轻拿轻放，不得碰撞或跌落。

（3）应保持其测量面、齿条和其他传动部分的清洁、润滑，防止灰尘、铁屑等物损坏齿条。测量后应揩净并合闭量爪，涂上防锈油，然后放回盒中并置于干燥处，如图 5-22 所示。

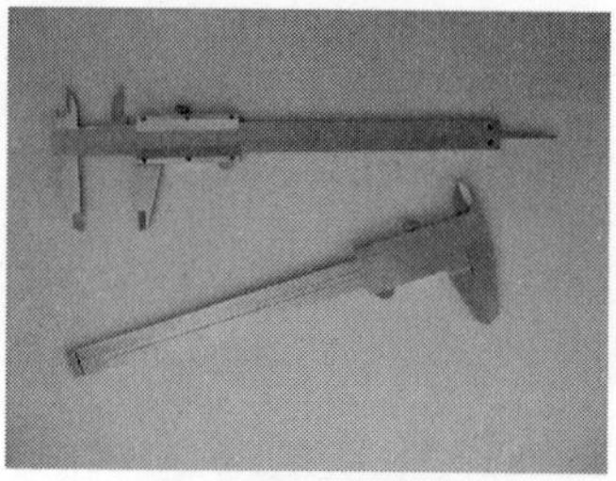

a) 机械式游标卡尺

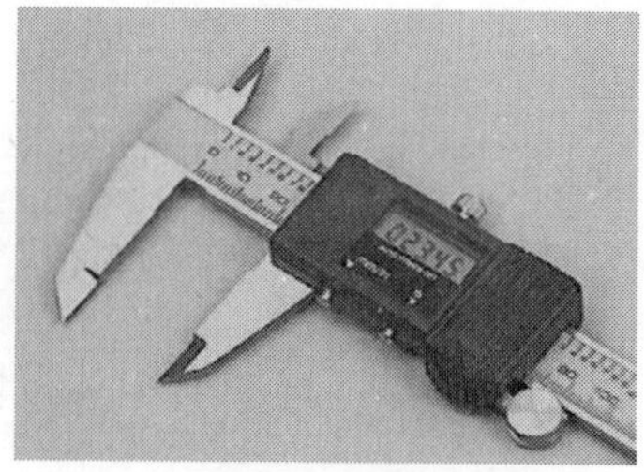

b) 数显式游标卡尺

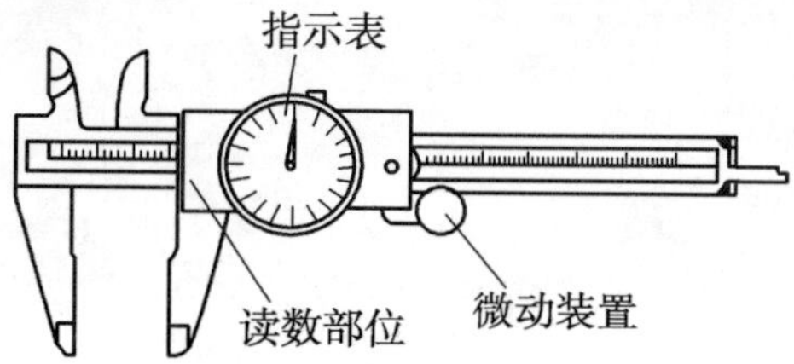

c) 表盘式游标卡尺

图 5-19　游标卡尺

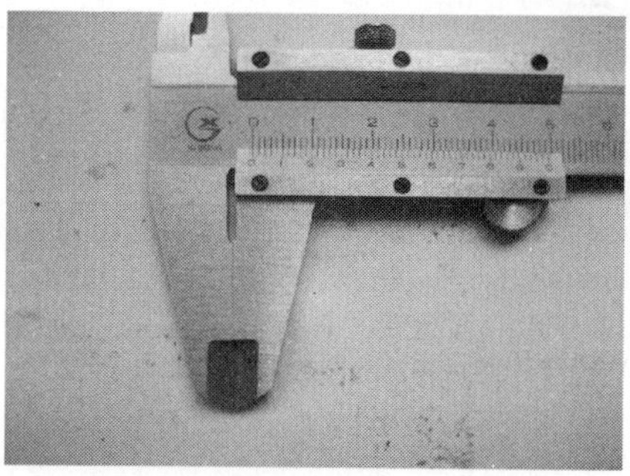

图 5-20　游标卡尺的零点校正

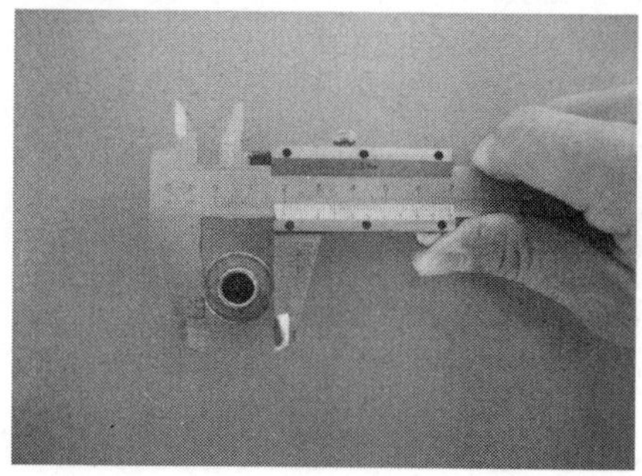

图 5-21　游标卡尺的测量操作

a) 合闭量爪

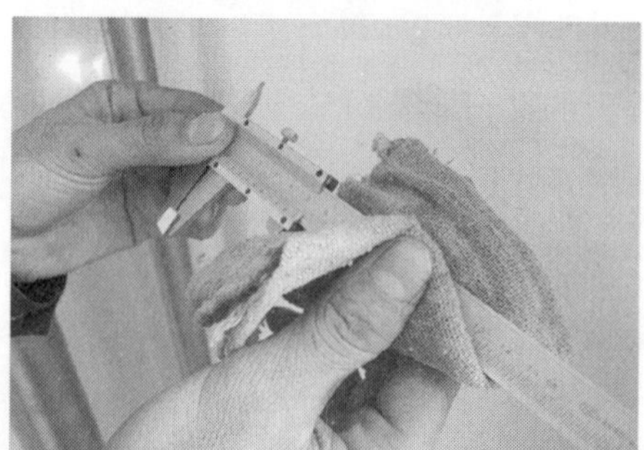

b) 涂上防锈油

图 5-22　游标卡尺的维护

（4）数显式游标卡尺：五位显示数同时闪动，约每秒一次，说明电池电压过低，应更换新电池（纽扣电池型号为 NL 牌 SR44）；显示器不能计数（数字锁死），是电路偶然故障，取下电池等 30s 后重新装入；显示器无显示，可能是电池接触不良（调整并清洁电池夹），也可能是电池电压低（应更换新电池）。

（5）非专业人员不可拆卸游标卡尺。

二、专用检测仪表

1. 汽缸压力表

汽缸压力表是用来检测汽缸压缩压力的仪表。汽缸压力表分为压入式和螺纹旋入式两种。

压入式汽缸压力表有一个短的连接杆，杆的尾端是锥形橡胶头（图 5-23），以便适合任何尺寸的火花塞孔。压入式汽缸压力表虽然使用简单，由于与火花塞孔接触不紧密，因此测量精确度相对较低。

螺纹旋入式汽缸压力表有一个长而灵活的胶管，管的尾部是连接头（图 5-24），因为灵活的胶管能够进入到压入式不容易到达的地方，因此应用广泛。连接头可以更换，以便安装到不同的火花塞孔上进行测量，如图 5-25 所示。

图 5-23　压入式汽缸压力表

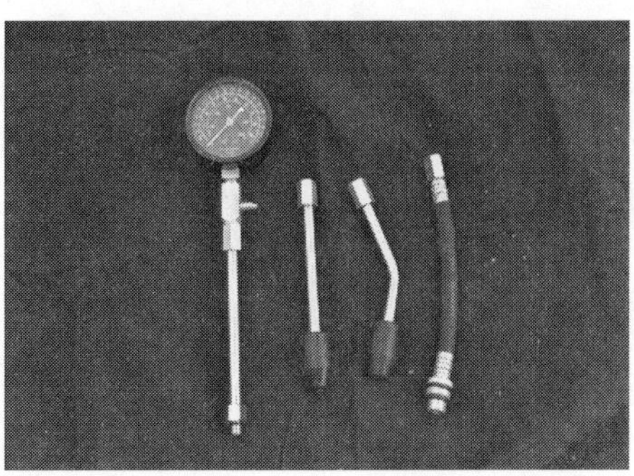

图 5-24　螺纹旋入式汽缸压力表

a) 连接头

b) 压力表读数

图 5-25　螺纹旋入式汽缸压力表的使用

2. 燃油压力表

燃油压力表是用来检查燃油泵的输出压力、燃油喷射系统的调节压力，以及喷油器的压力降的仪表（图 5-26），对于诊断燃油喷射系统工作状况非常重要。检测燃油压力时（图 5-27），要防止因燃油溢出而引起的爆炸和着火。

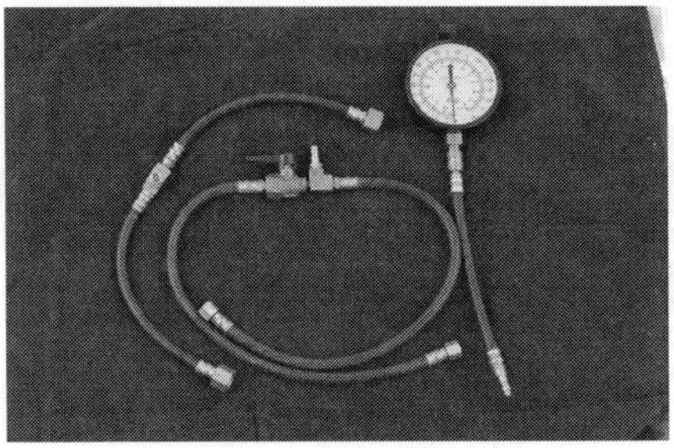

图 5-26　燃油压力表

图 5-27　燃油压力表的使用

3. 轮胎气压表

轮胎气压表（图 5-28）是一种气压轮胎气压表，它由表头、活塞、表体、标尺、主弹簧等组成。操作使用中应注意以下事项：

（1）轮胎必须在散热后再进行充气作业，因车辆行驶时胎温上升，轮胎气压会随着变化。

（2）气门嘴和气门芯配合要平整，有凸出凹进的现象及其他缺陷，都不得进行充气和气压测量。

（3）充入轮胎的空气不能含有水分和油液，以防轮胎内橡胶变质损坏。

（4）轮胎充气应严格按照规定操作，超过额定充气压力会引起其强力降低，影响轮胎寿命甚至会发生危险。

（5）充气时要随时检查气压变化（图5-29），以免因充气过多，使轮胎爆破发生危险。

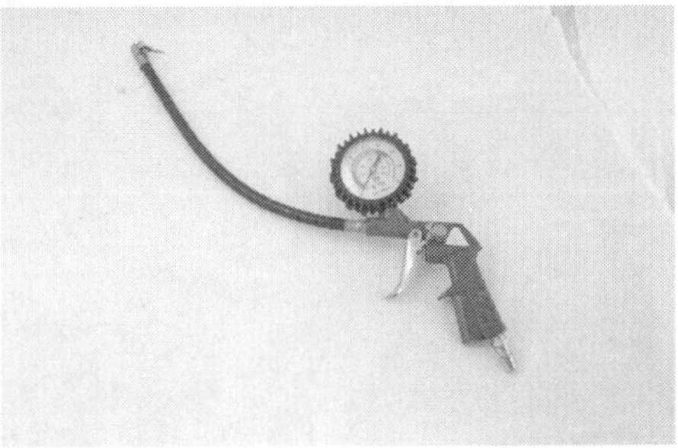

图5-28　轮胎气压表

图5-29　随时检查气压变化

（6）轮胎充气前，应将气门嘴上的灰尘擦净，不要松动气门芯。充气完毕后，应检查气门嘴是否漏气，并将气门嘴帽配齐装紧，防止泥沙进入气门嘴内部。

4. 量缸表

量缸表又称为内径百分表，多用于孔径的测量，如图5-30所示。在汽车维修作业中主要用来测量发动机汽缸内径、圆度、圆柱度和磨损量等。量缸表由百分表及量杆组合而成。操作使用时应注意以下事项：

（1）应使量杆和被测孔径的轴线垂直，如图5-31所示。

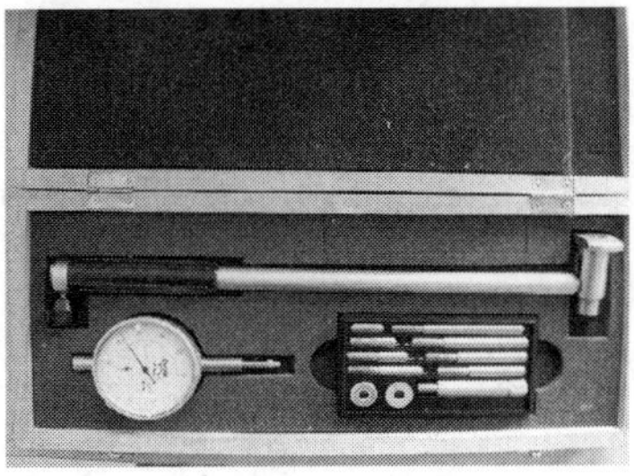

图5-30　量缸表

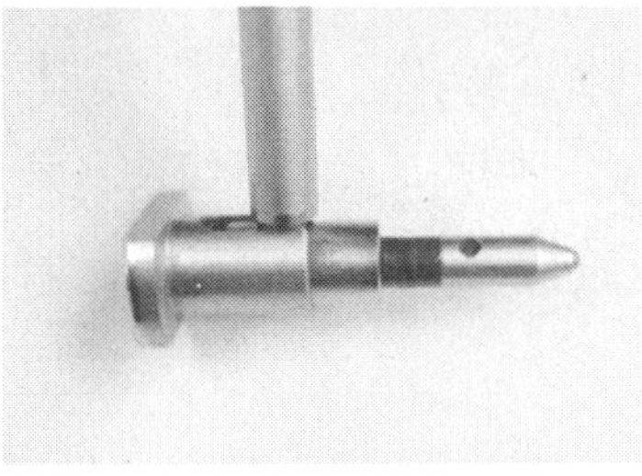

图5-31　量杆与被测孔径垂直

（2）将量缸表从有缸肩的汽缸内取出时，要沿倾斜方向取出（图 5-32），以防止量杆与缸肩发生碰撞，损坏活动量杆。

（3）量缸表使用时要轻拿轻放（图 5-33），用后必须擦拭干净，收齐附件后一并放入盒内保存。

图 5-32　量缸表沿倾斜方向取出

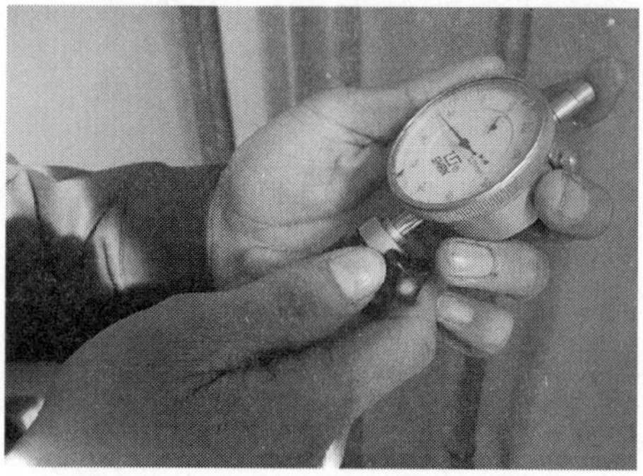

图 5-33　轻拿轻放量缸表

5. 正时灯

正时灯主要用来检测与曲轴位置相关的点火正时的仪表（图 5-34）。正时灯上的两根接线必须正确地连接到蓄电池的两极（图 5-35）。正时灯一般还有一个感应夹，测量前夹在某一汽缸火花塞的高压线上（图 5-36）。当发动机运转时，正时灯就会在每次火花塞点火时发射光束（图 5-37）。

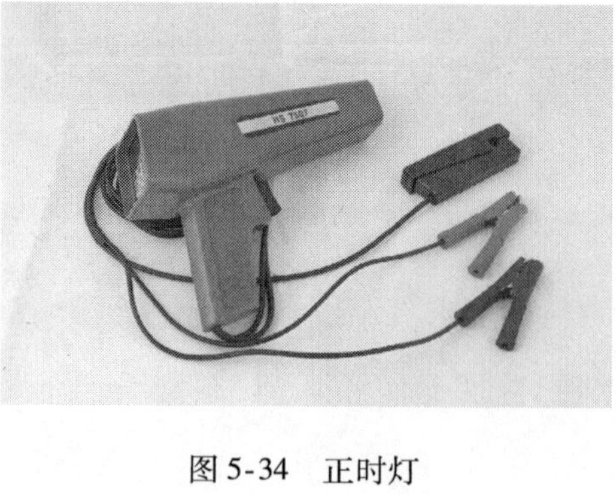

图 5-34　正时灯

图 5-35　正确连接到蓄电池上

图 5-36　感应夹夹在高压线上

图 5-37　正时灯发射光束

6. 红外线测温仪

红外线测温仪是使用红外线技术的非接触式测量温度的仪表（图 5-38）。可用于测量物体的表面温度以及查找墙面、铸件、管道等物体的泄漏点。操作使用中应注意以下事项。

（1）不允许非工作人员，尤其是未成年人接触和使用测温仪。

（2）使用测温仪时（图 5-39），眼睛不要直视激光束，否则会对眼睛造成永久性损伤。不要将激光束对准任何人的眼睛，或通过反射面间接照射人的眼睛。

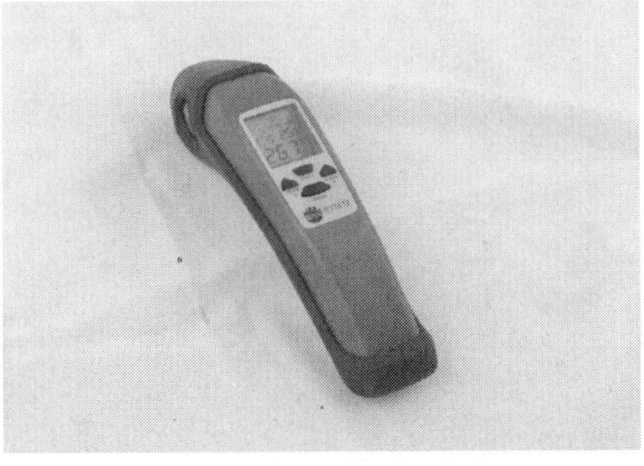

图 5-38　红外线测温仪

图 5-39　正确使用红外线测温仪

（3）切勿在有爆炸性的气体、蒸汽或灰尘环境中使用测温仪，这些因素会影响测量的准确性。

（4）测温仪不能透过玻璃类等透明物体进行测量，它测量的将是玻璃表面的温度。测量光亮或抛光的金属表面会产生误差，因此要对测量表面进行合理的处理。

（5）清洗时不要用溶剂或研磨剂清洁外壳和镜头，更不要将测温仪浸在水里。

三、专用检测设备

1. 汽车故障电脑诊断仪

汽车故障电脑诊断仪又称为汽车解码器，如图5-40所示。诊断仪不仅具有读码、清码功能，还具有解码功能，使用非常方便，是汽车电控系统检测维修中不可缺少的设备之一。

（1）汽车故障电脑诊断仪为精密电子设备，使用中切勿摔碰（图5-41）。

图5-40　汽车故障电脑诊断仪

图5-41　切勿摔碰诊断仪

（2）进行故障诊断时，必须在通风良好的场所内进行。

（3）起动发动机前，应确定驻车制动杆拉紧，保持车轮固定，并将变速器操纵杆置于空挡（手动变速器）或者驻车挡（自动变速器）位置，以免起动发动机时车辆产生位移。

（4）当点火开关接通或者发动机运转时，不能连接或者断开诊断仪（图5-42），以免造成测量不准确甚至造成仪器损坏。

（5）发动机运转时温度较高，应避免接触散热器和排气管等高温部件。

（6）需要在汽车行驶过程中对车辆技术参数进行检测诊断时，必须由 2 人以上完成，不允许一个人边驾驶车辆边进行操作仪器。

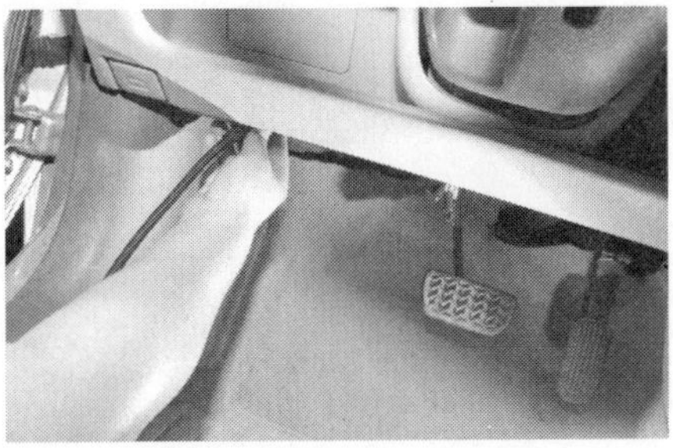

图 5-42　连接或者断开诊断仪

（7）随时保持诊断仪清洁，以保证检测准确性、防止仪器误判断。

（8）操作汽车电脑时，应严格按照维修手册规定或其他安全措施进行。

2. 发动机诊断仪

汽车发动机诊断仪（分析仪）是一种专业针对汽车发动机故障进行检测和诊断的专业仪器（图 5-43），主要用来对发动机电子控制系统故障进行诊断和定位。除了能读取、清除故障码外，还可以读取发动机动态数据流、检测波形、检查传感器以及对电脑进行匹配、设定、编码等。操作使用中应当注意以下事项：

图 5-43　汽车发动机诊断仪

（1）操作人员必须经过专门培训。使用诊断仪时，要穿着合适的工作服，不允许过分宽松或散开衣带。

（2）诊断仪使用前，必须确认外部的输入电压与诊断仪的设置电压相匹配。如果诊断仪在户外使用，最好在外部输入电源上连接一个电流过载保险装置。

（3）在汽车点火开关打开前，一定要连接好诊断仪搭铁线和蓄电池负极接线（图 5-44a）。在点火开关关闭后，断开诊断仪搭铁线和蓄电池负极接线（图5-44b）。

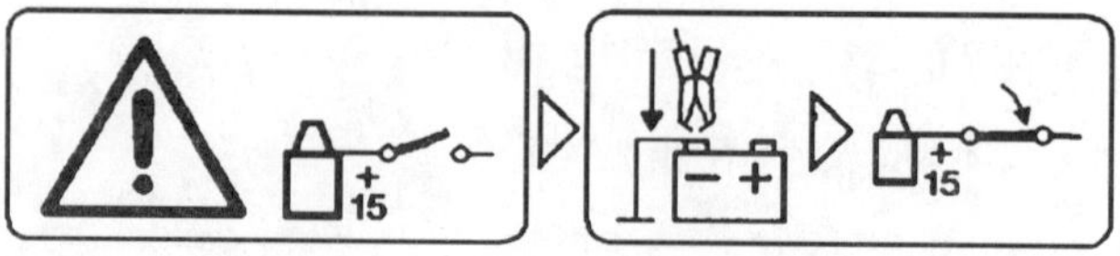

a) 打开点火开关前

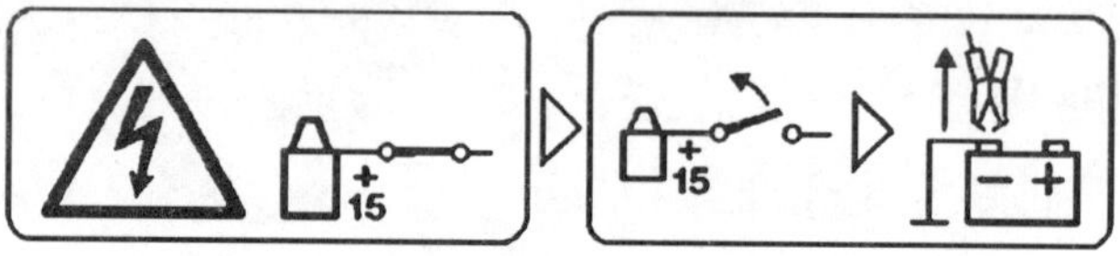

b) 关闭点火开关后

图5-44 诊断仪搭铁线和蓄电池负极接线

（4）诊断仪与汽车发动机或点火系统连接时（图5-45），一定要关闭发动机。使用诊断仪上的万用表进行测量时，不允许超出规定的最高电压测量值。发动机各传感器的信号线相对较细，连接时不要生拉猛拽。

图5-45 诊断仪与发动机连接

（5）在测试过程中，对汽车采取防滚动措施，将变速器操纵杆置于（手动变速器）空挡切换到驻车挡（自动变速器），同时实施驻车制动。

（6）禁止在运转的发动机区域内触摸旋转、移动或温度比较高的部件。在电动风扇附近操作时，应在发动机冷却后拔下风扇电动机的插头。

（7）只有打开打印机电源开关后，才能安装打印机的墨盒(图5-46)。

（8）在关闭诊断仪的总电源前，首先要关闭 Windows 操作系统。

3. 汽车前照灯检测仪

汽车前照灯检测仪是对汽车前照灯的发光强度和光束照射方向进行检测的仪器，如图5-47所示。操作使用中应注意以下事项：

（1）前照灯检测仪只能用于前照灯的检测，不可做其他用途；前照灯检测仪每年必须接受计量部门检验；前照灯检测仪只能由专业人员操作使用。

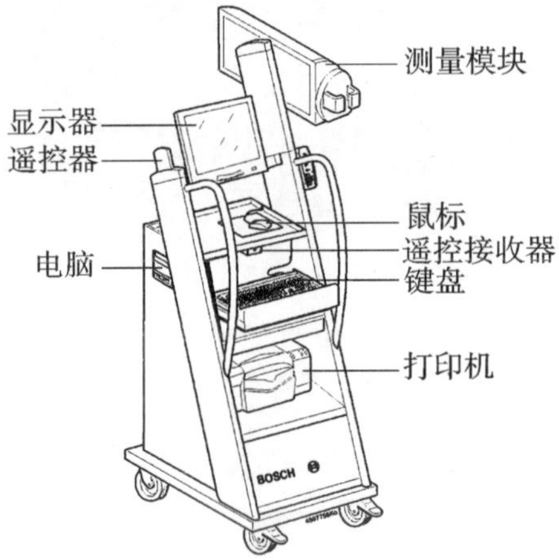

图5-46　打印机的位置

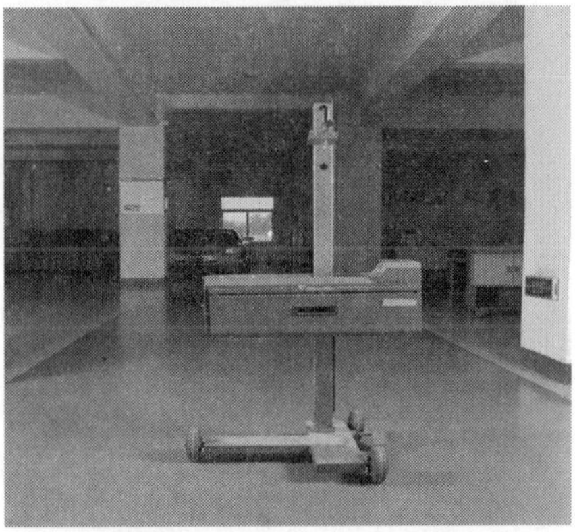

图5-47　汽车前照灯检测仪

（2）所有电气部分必须防潮防湿（图5-48），前照灯检测仪应安装在有避雷设施的建筑物内，禁止阳光直射中箱。

（3）禁止在中箱上放置重物，定期用干净的绒布清洁玻璃。如果玻璃被刮花，应及时更换。勿将食物或液体洒落到检测仪上。禁止照射灯光直射人眼。

（4）为避免遭受电击，应将检测仪和外围设备电源电缆插入正确搭铁的电源插座中。

（5）切勿损毁、修改、拉拽、过度弯曲或扭曲电缆线（图5-49），切勿把重物置于电缆线上，并且电缆位于不易绊脚的地方。

（6）切勿在手湿的情况下插拔检测仪的电缆线，在未拔出检测仪电缆线时不可打开检测仪任何部件的盖板。如果发现仪器中箱冒烟、有异常噪声，应立即关闭仪器电源，切勿私自打开中箱盖板。

图 5-48　禁止在检测仪上放液体

图 5-49　检测仪的电缆线

4. 侧滑试验台

汽车侧滑试验台是用来检测汽车车轮在直线行驶过程中车轮侧滑量大小及方向的设备，如图 5-50 所示。操作使用中应注意以下事项：

（1）不允许超过额定载荷的汽车驶入侧滑试验台。被测汽车轮不得夹带任何石子、硬物、油污及杂物。

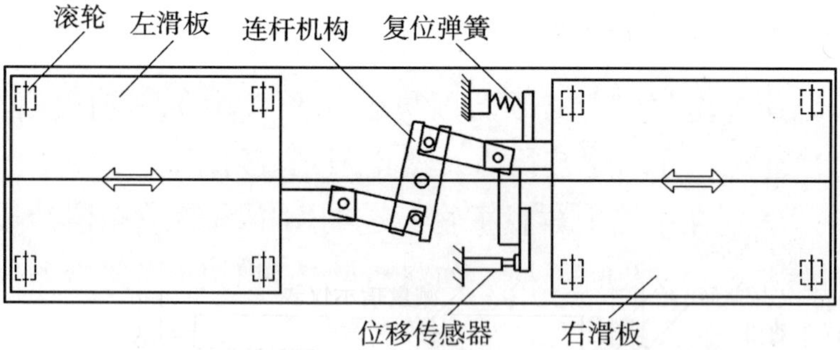

图 5-50　侧滑试验台

（2）汽车驶入侧滑试验台前，应打开滑板上的锁止装置，使滑板处于自由状态。当微微推动滑板时，显示装置应有侧滑量的指示，滑板的滑动应灵活无阻滞现象（图 5-51）。

（3）被测汽车车轮胎气压应符合出厂的规定值。

（4）汽车以 3～5km/h 的速度直线平稳通过侧滑试验台，不允许在通过试验台时加速、制动和转向，如图 5-52 所示。

图 5-51　确保滑板运动灵活

图 5-52　平稳通过试验台

（5）不允许在试验台上停放任何车辆或其他杂物。

（6）不测试时，应及时将滑板锁销锁住。

（7）应保持试验台滑板下部的清洁、干燥，防止锈蚀或阻滞。

5. 反力式滚筒制动性能试验台

反力式滚筒制动性能试验台是通过测定作用在测力滚筒上的车轮制动力的反力，检测车辆制动性能的检验装置，如图 5-53 所示。操作使用中应注意以下事项：

（1）汽车驶入检验台前应当清洁滚筒上的水、油污、杂物等，确保滚筒表面干燥（图 5-54）。

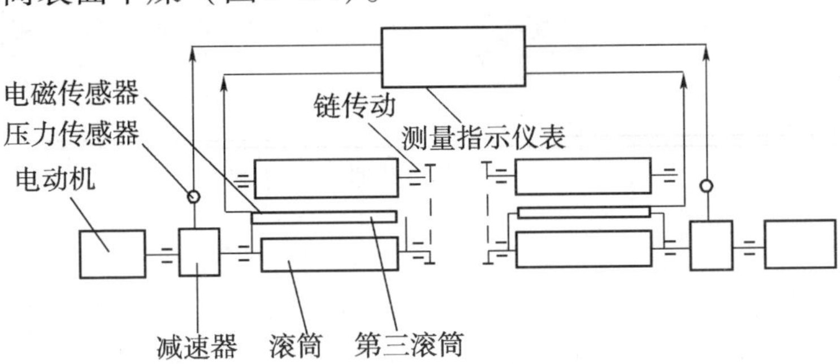

图 5-53　反力式滚筒制动性能试验台

（2）试验前，应检查设备的供气系统气压是否正常，检查电气系统的指示、显示、线路是否正常。

（3）试验前应检查车轮举升装置和轮距控制装置动作是否灵活（图 5-55），不允许举升时有阻滞或爬行现象。

图 5-54　确保滚筒表面干燥

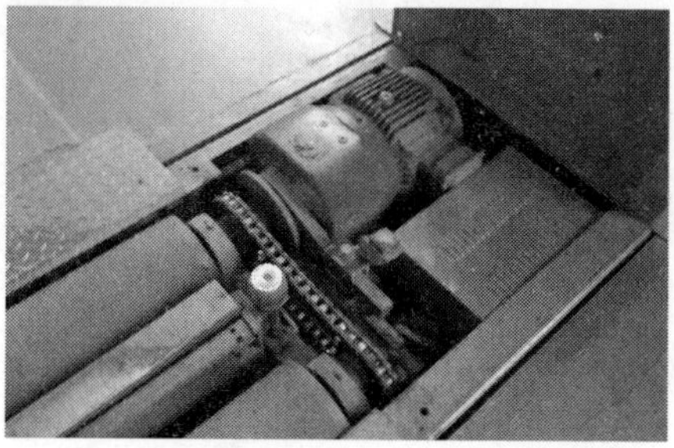

图 5-55　检查举升装置和轮距控制装置

（4）汽车进入试验台前，应仔细将轮胎上的水、油污、小石子等杂物清理干净，如图 5-56 所示。轮胎的气压、花纹深度应符合规定。

（5）被测汽车的轴荷不应超过试验台的允许载荷。

（6）汽车驶入试验台前，车轮举升装置应当举升到位。

（7）汽车进入试验台时，沿引车线平稳驶入，尽可能使车轴与滚筒保持平行。

（8）汽车行驶到位后，一定要在举升器与车轮完全脱离后，方可进行测试，如图 5-57 所示。

图 5-56　清理轮胎上的石子

图 5-57　行驶到位后才能测试

(9) 汽车在试验台进行检测时，禁止升起举升器。

(10) 汽车在检测时，所有人员不得站在汽车纵向行驶区域内。

(11) 当被测车轴为前轴时，使用转向盘准确地保持汽车处于直驶状态。

(12) 检测时，发动机怠速，变速操纵杆应置于空挡。

(13) 只有当试验台的举升装置的托板举起后，方可允许汽车驶离试验台。

6. 车速表试验台

汽车车速表试验台是用来检测汽车车速表准确性的检验装置，如图 5-58 所示。操作使用时，除与反力式滚筒制动性能试验台的前 9 个注意事项相同外，还要注意以下事项：

(1) 前驱动汽车检验时必须放置挡轮，如图 5-59 所示。

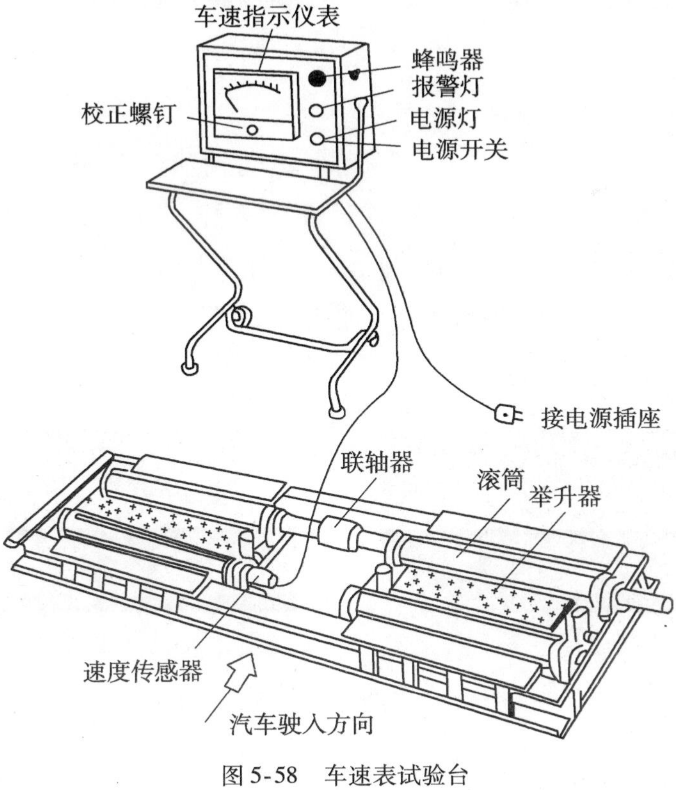

图 5-58 车速表试验台

(2) 测速时汽车前方及驱动轮两旁不准站立人员。

(3) 在检验过程中不可紧急制动，前驱动汽车检测时不应转动转向盘。

(4) 当汽车驱动轮完全停止转动后，才允许检验台举升器的托板升起，当托板完全升起后汽车才能驶离车速表检验台(图5-60)。

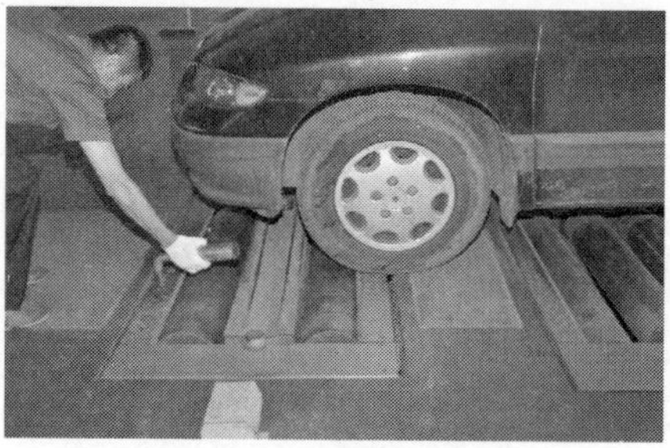

图5-59　放置挡轮

图5-60　托板升起后才能驶离

7. 汽车底盘测功机

汽车底盘测动机是用于测量汽车驱动轮输出功率等汽车性能的试验装置，如图5-61所示。操作使用时，除与反力式滚筒制动性能试验台的前9个注意事项相同外，还要注意以下事项：

(1) 测试前，在非驱动轮处放置止动器（图5-62)，后牵引钩与地锚用钢丝绳连接并张紧。

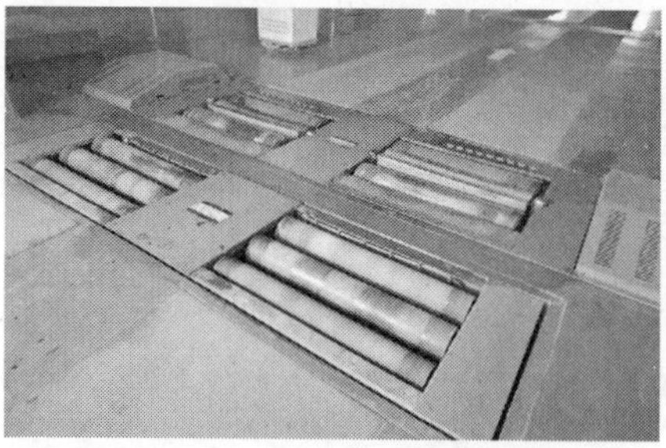

图5-61　汽车底盘测功机

图5-62　放置止动器

（2）举升器没有举起时，车辆不得强行通过，以免冲击载荷过大损坏设备，如图 5-63 所示。

（3）测功机开始检测后，严禁被测汽车在测功机上使用制动器，检验过程中加速不应过猛。

8. 环保底盘测功机

汽车环保底盘测功机是能够模拟汽车工况进行排放测试的底盘测功机，如图 5-64 所示。操作使用时，除与反力式滚筒制动性能试验台的前 9 个注意事项相同外，还要注意以下事项：

（1）开机前，必须按使用说明书的要求，做好测试系统与被测汽车的准备工作（图 5-65），然后按规定程序进行开机。

图 5-63　举升机没举起时不能通过

图 5-64　环保底盘测功机

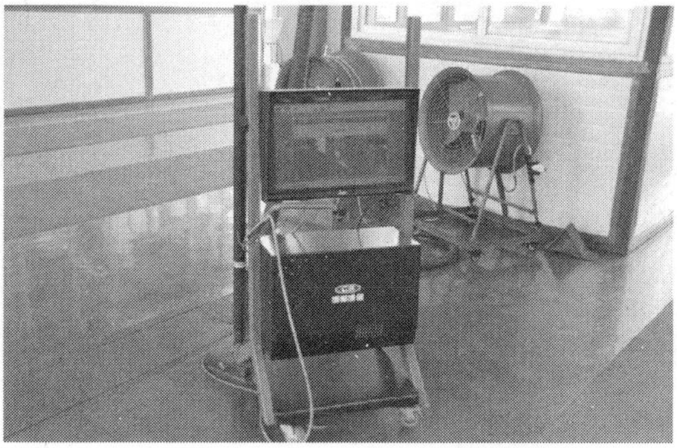

图 5-65　按显示器提示进行操作

（2）进行测试时，操作人员和引车员必须按显示器的提示进行操作，如图 5-66 所示。

图 5-66　测试系统与被测汽车连接

（3）测试过程中，操作人员应注意有无异常现象，如异味、异响、异常振动等，如图 5-66 所示。

（4）惯性模拟系统除进行多工况实验，加速，滑行试验外，不允许作为其他使用。在接合或脱离飞轮时，滚筒和飞轮都应保持静止状态。冬季使用前，用被测汽车将滚筒和传动系磨合 30min。

（5）工作车间必须保证供电可靠，一般应按照二级供电标准配置供电系统。突然停电时，引车员应立即挂空挡并松开加速踏板，但不要踩制动踏板。

（6）操作人员应经常注意电涡流机的加载电流是否正常，若发现不正常，应指导引车员即刻松开加速踏板并挂空挡滑行。

第二节　维修专用设备

1. 轮胎轮辋拆装设备

轮胎轮辋拆装设备是用来将轮胎轮辋分离开来的设备，如图 5-67所示。使用操作中应注意以上事项：

（1）不得在安全装置被拆卸或损坏的条件下使用拆装设备，操作人员必须经过培训且被授权使用设备。

（2）必须在没有易燃易爆等危险的环境下运行或拆装设备，如图 5-68 所示。

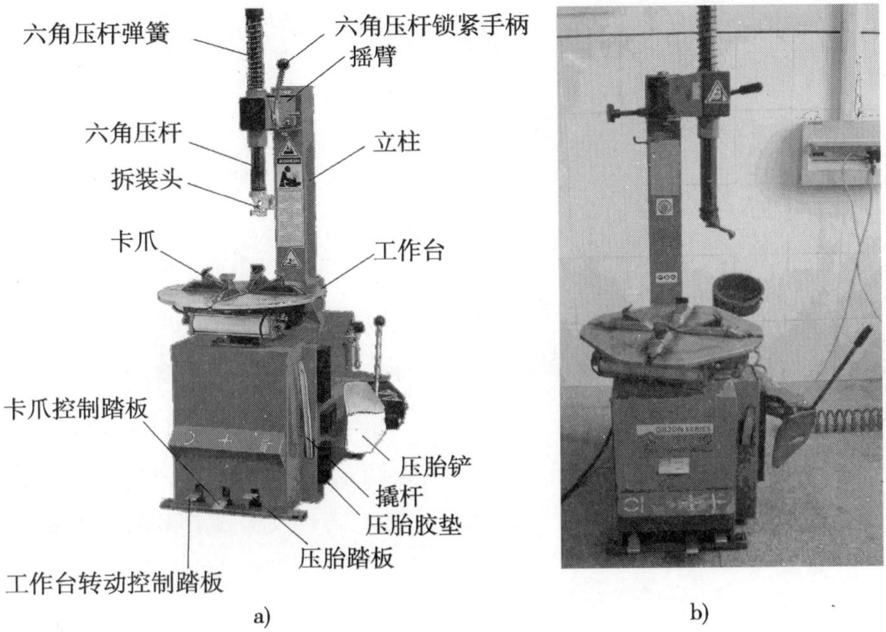

图 5-67　轮胎轮辋拆装设备

（3）车轮必须在排净气的状态下进行轮辋拆装作业。禁止在拆装设备上对轮胎进行充气。

（4）操作人员必须在带上护目镜、手套等防护用品后，方可进行拆装作业，如图 5-69 所示。

图 5-68　没有易燃易爆危险品的环境

图 5-69　操作时应带上防目镜、手套

（5）维修拆装设备时，必须断开气源、电源，并且对设备进行锁止。

2. 轮胎螺母拆装机

轮胎螺母拆装机是用来拆除固定汽车轮胎螺母的专用设备（图5-70）。操作使用中应注意以下事项：

图5-70　轮胎螺母拆装机

（1）使用前，应检查冲击器的功能是否有效，电缆线是否有破损、老化等不绝缘的缺陷。

（2）严禁碾压电源电缆线，以及在有油污的地方作业。

（3）拆卸螺母时，先观察螺栓是否有锈蚀或打毛的情况，若有应采取润滑或修整的措施，不能盲目强行拆卸螺母。

（4）必须在套筒套入螺母且检查电动机旋转方向正确后，方可接通电源。接通电源后，套筒对螺母施加一定的压力，操作人员要防止螺母和套筒甩出。

（5）在安装螺母拧紧时，选用适当的螺母拧紧力矩和冲击器。

3. 车轮动平衡机

车轮动平衡机是用来检测汽车车轮不平衡量的设备，如图5-71所示。操作使用中应注意以下事项：

（1）车轮动平衡机必须牢固、可靠、有效的固定在平整坚实的地面上，且不得在阳光直射的地方。避免安置在空气压缩机或可能产生振动的物体旁，周围不得有其他电子设备或大功率电器。

（2）操作人员要穿戴安全装，如手套、眼镜、工作服等，不应戴领带、梳长发、穿宽松的衣服及凉鞋，如图5-72所示。车轮旋转时，操作人员应站在平衡机的侧面，非操作人员不得靠近。

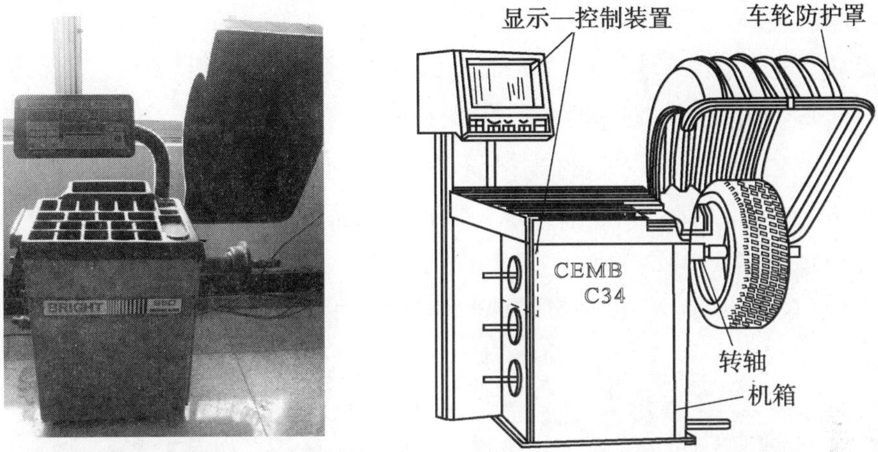

图 5-71　车轮动平衡机

（3）作业前，检查轮胎气压是否达到规定值（图 5-73），胎面应无水、油、泥沙、嵌块等杂物。作业前，还要检查平衡机工作是否正常、显示是否清晰齐全、安全防护罩是否安全有效、驱动电动机开关是否灵敏有效。只有在各项轮胎参数输入、安全防护罩完全到位的情况下才可以进行检测。

图 5-72　操作人员着装不符合规定

图 5-73　检查轮胎气压

（4）严禁对超过平衡机设计标准的轮胎进行作业。对于较重的轮胎，必须用辅助装置将轮胎安装到工作台面上，不得人工强行搬放。安装好车轮后，应检查确认车轮的夹紧是否可靠，车轮安装后应及时合上安全防护罩（图5-74）。

（5）根据车轮轮辋的规格选择合适的定位块，如图5-75所示。对加减车轮不平衡量（铅块）进行复检时，一定要注意及时合上安全防护罩。

图5-74　合上安全防护罩

图5-75　安装定位块

4. 四轮定位仪

汽车四轮定位仪是指测量汽车四轮定位参数的仪器，如图5-76所示。操作使用中应注意以下事项。

（1）四轮定位仪属于精密仪器，要求有专人管理和使用（图5-77）。

图5-76　四轮定位仪

图5-77　专人管理和使用定位仪电脑

（2）四轮定位仪的电脑是专业服务于该设备的，不允许装入其他软件或硬件，不允许随意删除或更改电脑中的各种应用程序，非设备维护人员勿乱动电脑。不要将电脑放置在靠近热源或阳光直射的地方，保持周围通风良好，避免其他物体堵塞主机、显示器等部件的散热孔。

（3）为保持电压稳定，应当使用稳压器及带有搭铁保护的电源插头和插座，保证人身安全及设备稳定。在未切断电源的情况下，不要对定位仪上的各连线进行拔、插操作。

（4）工作环境温度过高或过低，可能造成定位仪不能正常工作，应采取措施保证在规定的温度下工作。另外，工作场地还要防潮、防腐，否则电脑工作不良，可用无纺布轻拭或使用酒精擦拭。一旦将水或其他液体洒到电脑上，应立即切断电源。

（5）定位仪的显示器对磁体比较敏感，不要将电脑和磁盘放在其靠近。

（6）反光盘使用事项（图 5-78）：避免强光或太阳光干扰，否则不能正常工作；使用后应放置于通风干燥安全处；表面定期用软布清洁擦拭；切勿震动及撞击、滑落，否则传感元件的损坏；切勿私自拆开，改变原有结构件。

（7）汽车驶入、驶出定位仪时，要有专人指挥引导。

（8）夹具安装在轮辋上一定要牢固（图 5-79），而且要用橡皮圈做意外防护。

图 5-78　反光盘要存放妥当

图 5-79　夹具安装要牢固

(9) 旋转转向拉杆调整前束时，一定要松开防尘套，不允许防尘套一起旋转。注意两侧转向拉杆要同步调整，长度要保持一致。

(10) 校正车轮外倾角时，切勿站在油压缸伸缩方向，以免发生意外。同时做好防护，避免挤压油压管及接头部分。

图 5-80　保证设备清洁

(11) 只有在传感器全部拆除后，制动和转向锁定解除后，汽车方可驶离定位仪。

(12) 做好防尘处理，保证设备清洁，以延长整机使用寿命，如图 5-80所示。

5. 汽车举升机

汽车举升机是指在汽车维修作业中能够将车辆进行举升，方便实施维修操作的设备，如图 5-81 所示。操作使用中应注意以下事项：

(1) 举升机应固定在混凝土地面上，混凝土的厚度必须达到规定要求。不要把举升机安装在沥青柏油地面上。

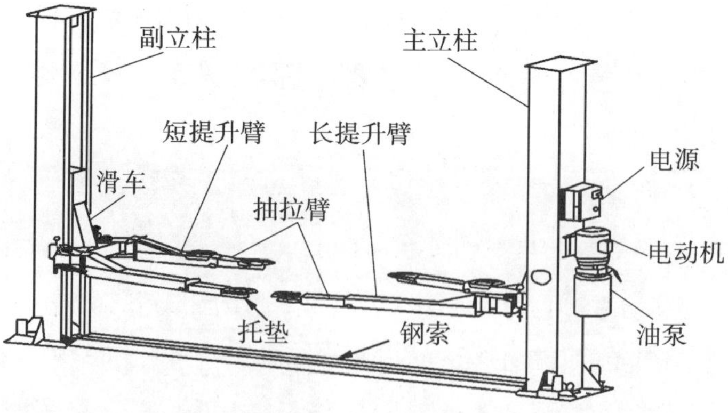

图 5-81　汽车举升机

（2）只有经过专门培训的人员才可以操作和使用举升机。操作时，手脚远离举升机的移动部件，不允许操作人员穿着肥大的衣服。操作结束后，将举升机降至最低并关闭电源。

（3）操作前，必须确认被举升汽车没有超过举升机的额定举升质量和尺寸。

（4）不得在举升机上进行以下作业：汽车的冲洗与清洁；平台上有人的举升；散装的、破碎的物品举升；用于电梯用途的使用；举升车架严重倾斜和轮胎严重变形的汽车。

（5）举升作业时，要找准举升机与汽车的接触位置（图5-82），举升托垫一定要放到汽车厂家建议的位置，保证在不倾斜、倾翻、脱落的情况下举升到目标高度。

a) 托垫

b) 汽车支撑位置

图5-82　对准汽车支撑的位置

（6）无安全保护装置时，不得使用举升机；禁止操作人员或其他不相关人员靠近危险区域工作；只有当汽车已完全升到所需位置，并且平台已静止和安全保护装置已完全就绪（如保险完全锁定），维修人员才允许到汽车下方作业，如图5-83所示；在下降过程中，操作人员必须站在安全区域内作业。

（7）在汽车下作业时，一定要确保举升机的安全锁处于咬合状态。安全锁是保护举升机下方人员作业的安全装置，应确保其完好性，保险组件上不能有任何异物，以免保险不能正常咬合。

a) 举到合适位置

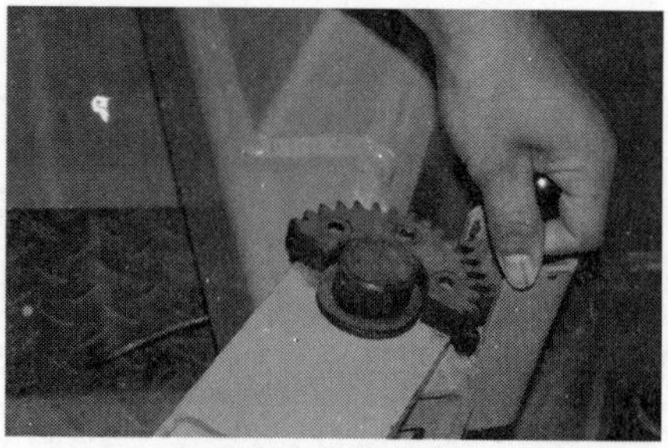
b) 保险完全锁定

图 5-83　实施安全措施后方可作业

（8）未经生产厂家允许，不得擅自更改举升机的部件。如果举升机长期不使用，应切断电源、放空液压油（图 5-84）、移动部件用液压油润滑。

图 5-84　油泵加油口

6. 卧式液压千斤顶

卧式液压千斤顶指的是一种采用连杆机构设计的液压举升设备（图 5-85），能够在汽车离地间隙较小的空间内实现将汽车迅速举升的功能。操作使用中应注意以下事项：

（1）使用前，应仔细阅读使用说明书。操作前，必须确认支撑面为水平硬质面，将汽车发动机熄火，并拉紧驻车制动器。

（2）操作人员在操作时，必须佩戴符合国家相关安全规定的防护眼镜和工作手套。

图 5-85　卧式液压千斤顶

（3）根据汽车质量，选择合适吨位的千斤顶。严禁超载使用千斤顶，否则会引起事故，而责任又不在保险范围内。

（4）每次使用前，都要检查千斤顶，如有零部件松动或者损坏，不得使用。千斤顶只能用于顶升，不能用于支撑，顶升完毕后应立即选用匹配的千斤顶支架支撑汽车。不能只有千斤顶支撑的情况下，在车辆的上下方或周围作业。

（5）小心将千斤顶托盘对准汽车底盘的支撑点，然后再开始顶升操作。顶升过程中，不能转动手柄，否则会使回油阀被旋松而导致支撑托盘下降。严禁偏载，不能倾斜顶升汽车，否则容易造成危险。在操作过程中不能移动车辆。

（6）卸载下降时，必须逆时针方向缓慢转动手柄，使汽车缓慢下降。

（7）不能自行拆装或改装千斤顶。不能自行调节安全阀，否则会引起事故，而责任又不在保险范围之列。

7. 通过式车身清洗设备

通过式车身清洗设备是指汽车在设备中穿过后能够完成车身外表面清洗作业的设备，如图 5-86所示。操作使用中应注意以下事项：

图 5-86　通过式车身清洗设备

（1）被清洗汽车，必须在清洗设备规定的尺寸范围内，不适合的汽车严禁驶入。使用中，必须保证清洗设备的搭铁装置完好无损，防止漏电时失去保护。

（2）操作人员必须穿防滑鞋。如接触有腐蚀性清洗剂时，需穿戴防护眼镜、防护手套和防护服。

（3）对于配有抛光大侧刷及抛光顶刷的清洗设备，须经常仔细检查抛光刷布是否有破洞及尖角，如有破洞和尖角等应及时清理。

（4）车身表面破损严重的汽车不能清洗，否则会损坏清洗设备。

（5）车身形状特殊、反光镜构造特殊（特别是往上翘）的汽车不能用自动控制洗车，必须由有经验的操作人员手动控制洗车。如被洗汽车表面发烫时，先用凉水冲洗车身，使其充分降温后再清洗。

（6）作业时，禁止用湿手操作控制面板，更不能对着控制面板喷水。

8. 零件清洗设备

零件清洗设备是对拆卸下的汽车零部件进行表面除污作业的设备，如图 5-87 所示。操件使用中应注意以下事项：

（1）清洗设备必须安装或放置在坚固的地面上，并且液体不能渗入地面。不允许在危险场所使用清洗设备，不能用来清洗油漆。

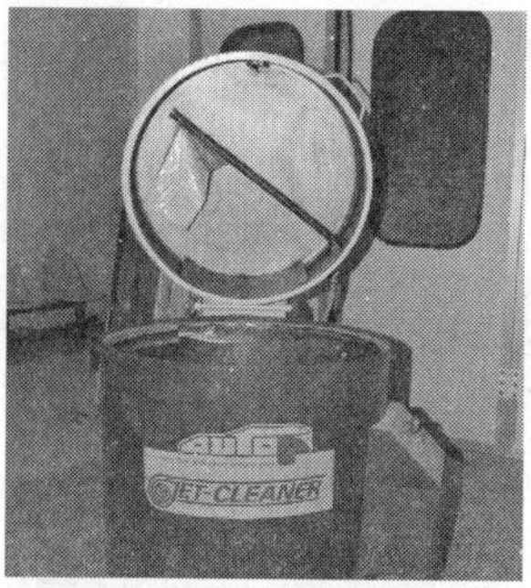

图 5-87　零件清洗设备

（2）操作人员需要佩戴防护目镜和手套。

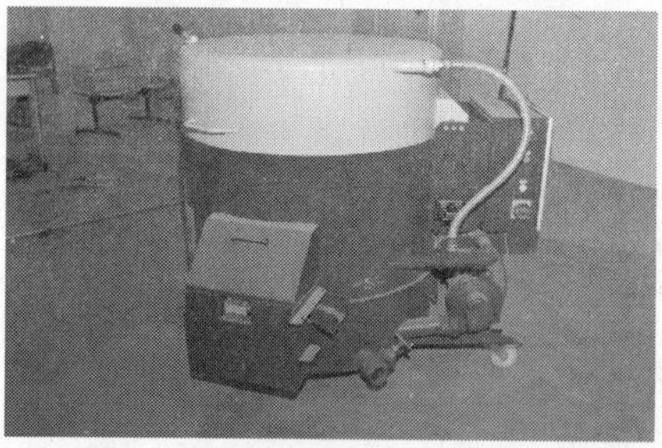

图 5-88　确认清洗设备工作正常

（3）使用前，确保清洗设备处于正常工作状态（图 5-88），防止水喷射到电器元件。

（4）必须使用清洗设备规定的清洗剂，清洗剂中不得参入易燃易爆的液体。禁止将清洗后的废水倒入土壤或污水系统。

9. 超声波清洗仪

超声波清洗仪是指用超声波震荡清洗零部件的设备，如图 5-89 和图 5-90 所示。操作使用中应注意以下事项：

（1）电源线应定期检查，以防漏电。

（2）清洗仪不可清洗可燃物和有爆炸性的物品，如镁、铝等。

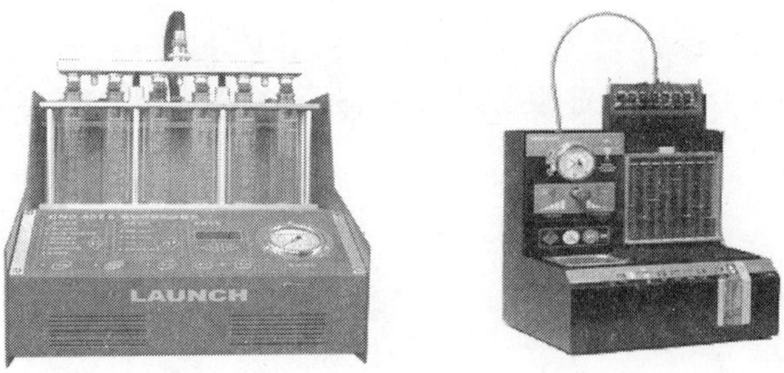

图 5-89　喷油器清洗仪

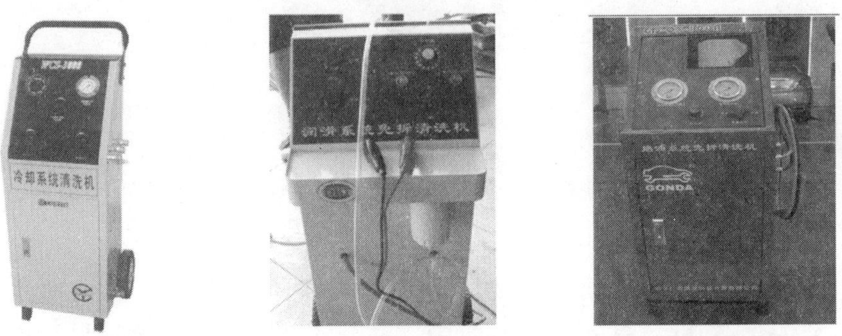

a) 冷却系统清洗机　　b) 润滑系统清洗机　　c) 燃油系统清洗机

图 5-90　免拆清洗仪

（3）清洗仪必须装有主滤网，才可以使用。每次使用前，将压缩空气中的水排干净，保持压缩空气的纯净。

（4）清理灰尘、维修或更换零件前，务必将电源插头拔下。清洗仪必须由专业人员来维修。

（5）每次使用后，将清洗仪空转 3 ~ 5s，然后用吹尘枪将清洗仪内的余尘吹干净，充分保持内部无尘、无锈水。再在进气口内注入 2 ~ 3 滴润滑油，并让清洗仪再次空转 3 ~ 5s。

10. 车身整形、校正及测量设备

车身整形、校正及测量设备是在维修作业中能够使车辆几何尺寸恢复到出厂设计数据的综合仪器设备，如图 5-91 所示。操作使用中应注意以下事项。

（1）操作人员必须穿戴工作服、手套、护目镜及安全帽及安全鞋。

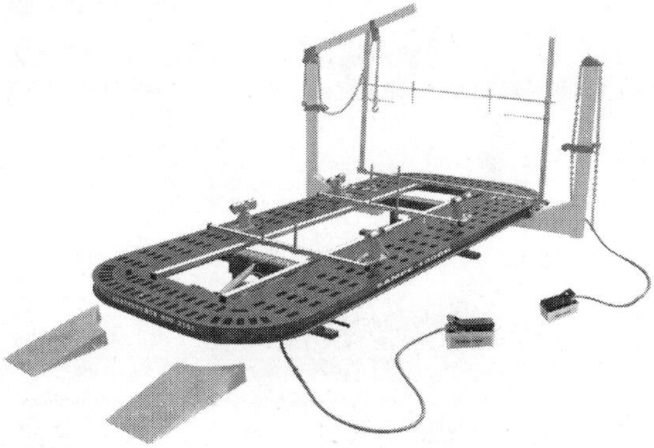

图 5-91　车身整形、校正及测量设备

（2）操作前应注意：

①清理场地，平台周边不能堆放杂物，整理油、气管路。

②检查油、气管路各接头是否连接好、管路是否有破损（图 5-92），如有破损应及时更换。

③液压油泵使用 3 个月后必须更换新液压油，加注规定的液压油，换油时将油箱底部脏物清理干净。

④气源气压应在 0.5 ~ 0.8MPa 之间，每次使用前要排水，保证气体无尘、无水。必须在气路口加装油水分离器，油水分离器 3 个月更换滤芯。

图 5-92　检查油、气管路

（3）上下平台操作应注意：

①汽车上下平台时必须有操作人员指导，停靠在平台指定位置。汽车在平台上要使用驻车制动，车轮前后用三角木垫好，如图 5-93所示。

a) 操作人员指导　　b) 三角木

图 5-93　汽车固定在平台上

②平台升降前，塔柱固定在平台一端，防止滑动。

③平台升降时，应平稳操作，附近严禁站人。

④平台活动支腿锁止销，在平台升起后必须锁住。

（4）汽车固定操作应注意：

①主夹具固定前，应检查钳口，去除油污、杂物等，如图 5-94所示。

②检查夹具各部位是否有裂纹、变形，如有，应及时更换。

③拧紧主夹具固定螺栓和钳口紧固螺栓。

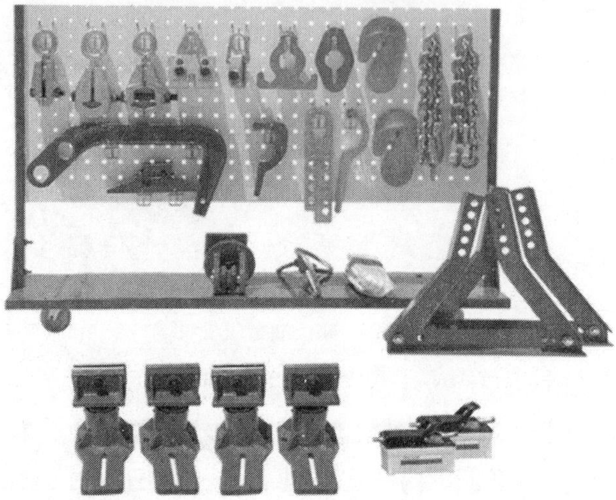

图 5-94　各类夹具

（5）测量操作应注意：

①量具应轻拿轻放，切勿碰撞，以防量具变形和损坏。

②量具固定时，拧紧螺母的力量不要过大，如图 5-95。

图 5-95　固定量具

③读数时，眼睛与读数部位保持平行，减少读数误差。

④测量完毕，量具应马上放回原处。

（6）拉伸操作应注意：

①移动塔柱前，必须将拉塔臂锁定在垂直位置。检查塔柱滚动滑轮固定螺栓是否松动、断裂，及时拧紧或更换。移动塔柱时，要推不要拉。

②拉伸前，塔柱紧固螺栓要完全拧紧，正确地固定在矫正平台

框架上。确保拉塔限位保护钢索安装正确并无损坏，锁止销钉完全按压进锁止孔中。

③钣金工具夹紧前，检查钳口，去除油污；紧固螺栓要完全拧紧。

④链条所有链节，应在一条直线上，不能扭曲，确保在顶杆上端将链条锁死，如图 5-96 所示。调整导向环方向和高度（不能超过红色警戒线），拉伸时把导向环手轮松开，切勿拧紧。

⑤拉伸时，禁止敲打链条及钣金工具，将链条和钣金工具用安全绳与车身锁住，以免夹头、链条断裂飞出。当使用拉塔进行拉伸操作时，切记移开受损区域机械测量系统的测量探头，以防损坏测量系统。

图 5-96　所有链节在一条直线上

⑥拉伸中，把注意力放在拉伸工件上，时刻注意工件变化，防止过拉伸、撕裂或撕开工件，导致夹头飞出伤人，操作人员不要站在拉塔后面。移动拉塔前，必须将拉塔臂锁定在垂直位置。为了获得最大的拉伸力且避免损坏拉塔，链条必须与液压油缸平行排列。

⑦拉伸中，注意拉力不要超过钣金工具的承载能力。当拉伸力比较大时，应在拉力方向相反一侧用塔柱将汽车固定。

⑧油泵操作人员与其他操作人员要配合默契，不要与链条受力方向在同一条直线上，严禁无关人员操作油泵或未经培训人员操作设备。

⑨用锤子击打锁紧楔时，应戴上安全防护眼镜。如果平台没有降到安装拉塔的高度，不要松开锁紧楔。

（7）设备使用完毕后，清理场地和钣金工具、量具、夹具等物品，擦拭干净后整齐有序地放在工具车上。

11. 喷烤漆房

喷烤漆房是指在维修作业中能够完成加热空气介质，并在其中进行喷漆、烘烤作业的装置，如图5-97所示。操作使用中应注意以下事项：

（1）控制柜必须安装在干燥的地方，搭铁牢固、有效，如图5-98所示。烤漆房开机前，需要检查鼓风机是否正常工作、柴油油量或者燃气前端压力、进风滤网的清洁度。

图5-97 喷烤漆房

图5-98 控制柜和柴油箱

（2）定期检查控制柜内的线路是否松动或是线路外露、破损，防止触电或是短路，如图5-99所示。必须定期对控制柜内的灰尘进行清理，防止灰尘影响电器元件的寿命和性能。严禁擅自更改线路和仪表参数。控制柜使用一定年限应进行更换，控制柜内部操作，必须由专业人员来完成。

图5-99 检查控制柜线路

（3）烤漆作业区不得存放易燃、易爆物品，严禁在烤漆房内使用明火。汽车进入喷烤房前必须清洗干净，不得在烤漆房内打磨车辆，如图 5-100 所示。

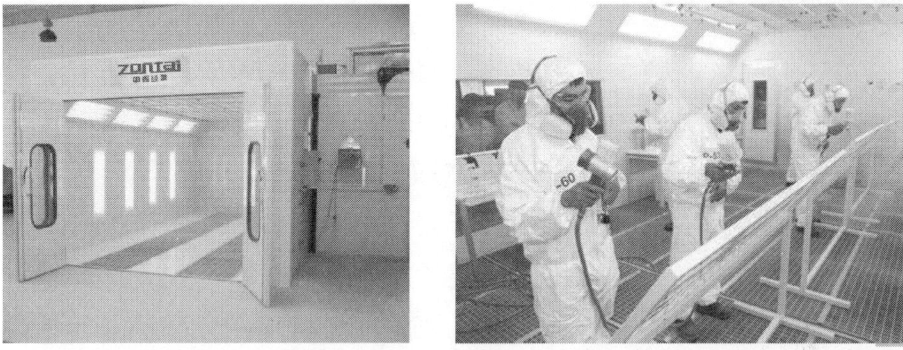

图 5-100　确保喷烤漆房内干净

（4）喷漆结束后，不应立即烤漆，应使汽车辆静置 15 ~ 20min（流平）后，然后方可进行烤漆，以防止车身表面有流挂和桔皮的现象产生。每次喷漆作业完毕，必须对喷烤漆房进行清理，任何用来掩盖车身的物品都要清理到房外，不得使用低沸点的溶剂清洁房内墙体。

（5）烤喷漆房工作时，操作人员严禁滞留在作业区，但必须有人监控。在烤漆过程中，需要停机或在烤漆结束时，应先关掉燃烧点火开关，20min 后再关掉鼓风机开关，否则热交换器（图 5-101）将会损坏。工作完毕后，所有开关必须复位到停机位置，如图 5-102所示。

图 5-101　热交换器

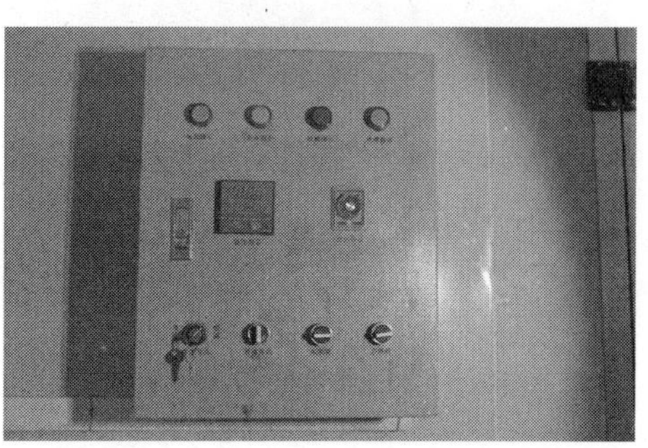

图 5-102　所有开关复位到停机位置

12. 充电设备

充电设备是指在维修作业中完成对蓄电池进行充电的设备，如图5-103所示。操作使用中应注意以下事项：

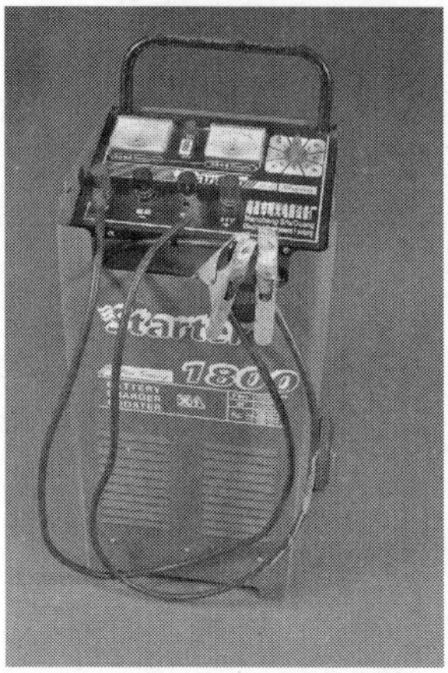

图5-103　充电设备

（1）充电前，应仔细检查被充蓄电池的初始电压，如图5-104所示。同时注意雨、雪或潮湿对蓄电池的侵蚀情况。

（2）在取下蓄电池的夹头前，应先关闭汽车点火开关。由于充电时会产生可燃气体，因此操作现场严禁明火。

（3）切勿对冻结的蓄电池进行充电，否则会形成气体，导致外壳破裂，并喷出蓄电池酸性电解液。

（4）将输出电缆线正极（+）与蓄电池正极（+）相连，负极（-）与蓄电池负极（-）相连，如图5-105所示。充电时，不要掉转电极夹头，不要使用已损坏的电线或夹头，避免充电设备受到振动与撞击。

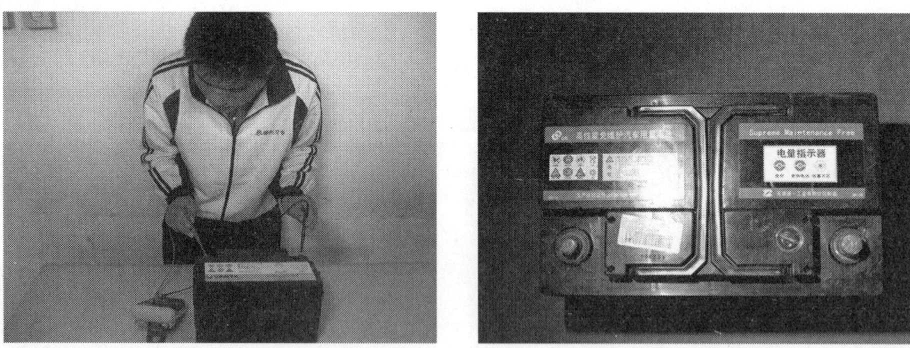

a) 通过万用表测量　　b) 通过观察孔检查

图5-104　检查蓄电池初始电压

（5）不能用充电连接方式起动发动机，这样容易烧坏熔断丝和电流表。

13. 电路检测设备

电路检测设备是指在维修作业中用来检测汽车电路故障的设备，如图 5-106 所示。操作使用中应注意以下事项：

（1）开始检测电路之前，操作人员先取下首饰和手表。

（2）处理蓄电池或在其周围工作时，必须始终佩戴合适的护目镜或面罩。头发、双手、衣服以及设备的电源线和电缆，要避开发动机运动部件。

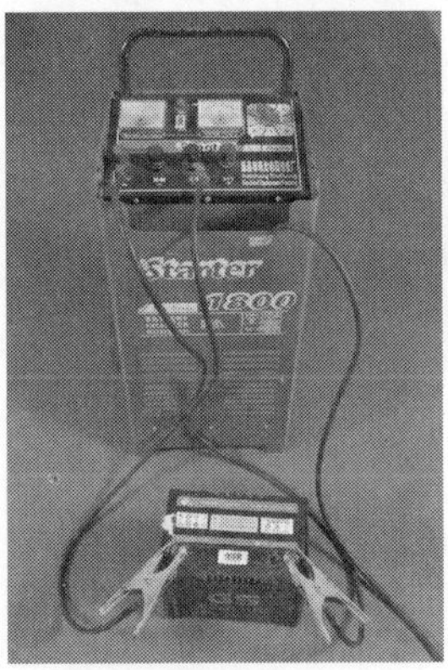

图 5-105　正确与蓄电池连接

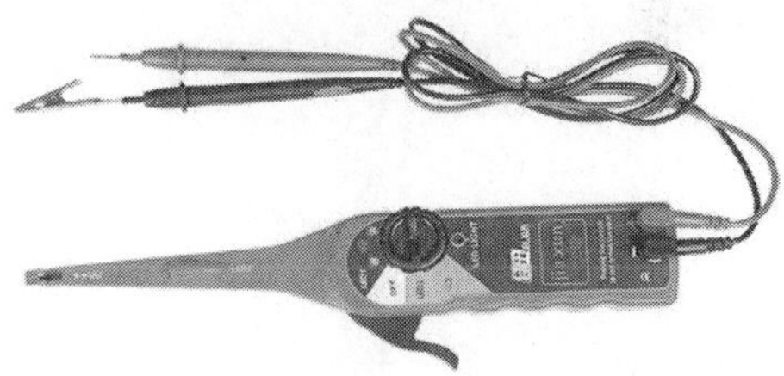

图 5-106　电路检测设备

（3）使用金属工具时要小心，防止产生火花或短路。在检测、充电或跨接起动时，操作人员切勿倚靠在蓄电池上。

（4）检查蓄电池是否有损坏、电解液液位高度或密度，如果电解液的高度或密度过低，则应予补充并给蓄电池充电。电解液具有很强的腐蚀性，如果进入到眼睛，应立即自来水冲洗眼睛至少 15min 并迅速就医。如果电解液溅到皮肤或衣服上，立即用自来水混合小苏打清洗。

14. 发电机试验台

发电机试验台主要用于汽车发电机性能试验，也可作专用发电机试验，如图 5-107 所示。具有调节灵敏度高，可控性强等特点，显示仪表采用数字显示方式，可直接读取数据，可实现对各种型号的发电机进行动态检测。操作使用中应注意以下事项：

（1）试验台的地面不得有水、液体，严禁站在水或液体的地面上操作。试验台上严禁放置装有液体的器皿。

（2）工作过程中，不得戴手套，长发需要盘起，操作时须专心。

（3）试验台通电前，检查线路连接及电源，各旋钮开关确定在应在的位置上，如图5-108所示。

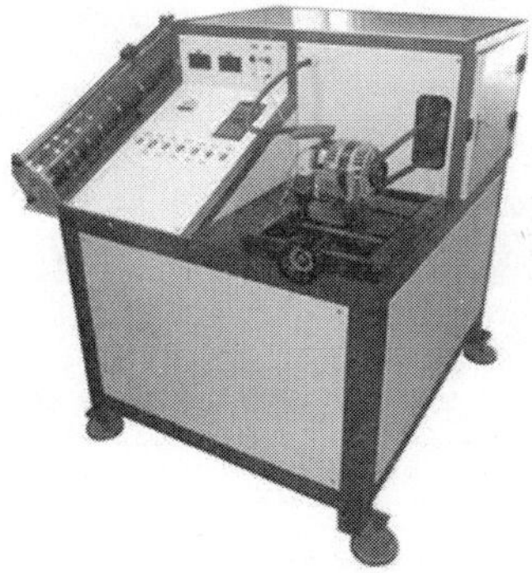

图5-107　发电机试验台

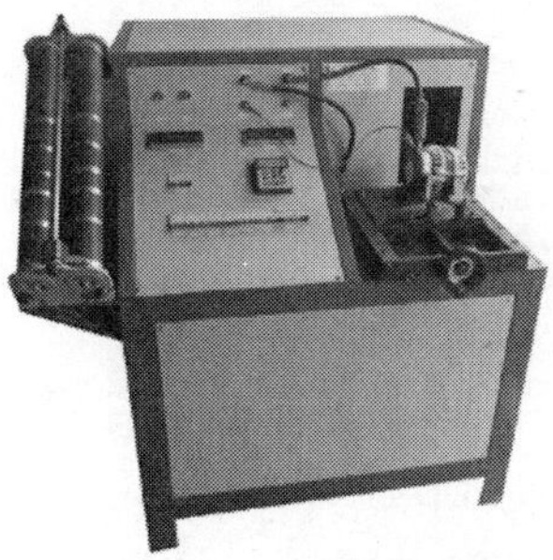

图5-108　通电前检查电源和开关的位置

（4）试验台通电后，首先观察是否正常工作，然后慢旋转调速旋钮使转速在500r/min以内，检查是否有异响及旋转是否均匀。

（5）试验台转速达到被测发电机磁转速后（自激发电机除外），一手调转速一手调负载，使发电机达到要求的转速及电流、电压。

（6）试验完成后，选择转速后降负载或转速与负载同时下降。操作完成后严禁先降负载，以免飞车。操作完成后各操作旋钮开关等回位。

15. *阀类试验台*

阀类试验台主要用于气压制动系统元器件的检测和试验，尤其对汽车制动总泵、分泵及其他气动元器件密封性能的检测极为便利，如图5-109所示。采用数显压力仪表和微电脑计时仪，检测元器件的密封性和制动过程的时间。操作使用中应注意以下事项：

（1）操作人员必须穿戴好工作服及必要的劳动保护装置。

（2）操作前，应先阅读上一班次的“设备操作记录”，无问题后打开试验台电源开关和气源阀门，检查气源气压是否正常。

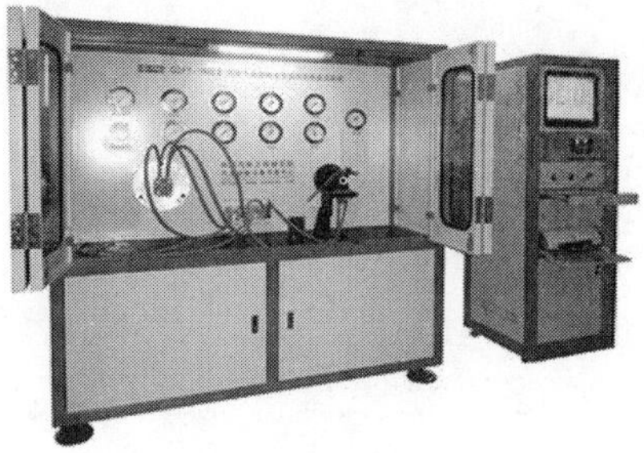

图5-109　阀类试验台

（3）操作人员必须掌握被测试阀的使用性能，正确接通被测试阀的进、出气接口。

（4）测试过程中，各种阀必须轻拿轻放并分类摆放整齐，按照技术要求做好测试结果记录。

（5）试验台的电器部件发生故障时，必须立即由电工进行维修。

（6）测试完毕后，应关闭电源开关与气源阀门，擦拭并保持试验台清洁，同时做好设备操作记录。

16. *后制动分泵试验台*

后分泵制动试验台主要适用于各种型号载货汽车、公交车辆后制动分泵（图5-110）的拆装维修与测试，如图5-111所示。操作使用中应注意以下事项：

（1）操作人员必须穿戴好工作服及必要的劳动保护装置。

图5-110　载货汽车后制动分泵

图5-111　后制动分泵试验台

（2）操作前，应先阅读上一班次的设备操作记录，无问题后打开试验台电源开关和气源阀门，检查气源气压是否正常。

（3）测试过程中，后制动分泵必须轻拿轻放并分类摆放整齐，按照技术要求做好测试结果记录。

（4）两人以上使用试验台时，启动气缸压力操作前必须相互告知，避免发生危险。

（5）试验台的电器部件发生故障，必须立即由电工进行维修。

（6）测试完毕后，应关闭电源开关与气源阀门，擦拭并保持试验台清洁，同时做好设备操作记录。

17. 干燥过滤器试验台

干燥过滤器试验台是用来完成各种型号载货汽车、公交车辆空气干燥器的测试、校正作业的设备，如图 5-112 所示。能够对汽车空气干燥器的开启压力、加热电流等技术参数进行测试。操作使用中应注意以下事项：

（1）操作人员必须穿戴好工作服及必要的劳动保护装置。

图 5-112　干燥过滤器试验台

（2）操作前，应先阅读上一班次的设备操作记录，无问题后打开设备电源开关和气源阀门，检查气源气压是否正常。

（3）测试过程中，干燥器过滤器必须轻拿轻放并分类摆放整齐，按照技术要求做好测试结果记录。

（4）两人以上使用试验台时，启动气缸压力操作前必须相互告知，避免发生危险。

（5）试验台的电器部件发生故障，必须立即由电工进行维修。

（6）测试完毕后，应关闭电源开关与气源阀门，擦拭并保持试验台清洁，同时做好设备操作记录。

18. 起动机试验台

起动机试验台是检测大功率汽车起动机的专用电器设备，如图5-113所示。仪表采用数字显示方式，可直接读取数据。操作使用中应注意以下事项：

(1) 操作人员必须穿戴好工作服、防护眼镜及必要的劳动保护装置。

(2) 操作前，应先阅读上一班次的设备操作记录，无问题后打开设备电源开关和气源阀门，检查气源气压、蓄电池电压是否正常。

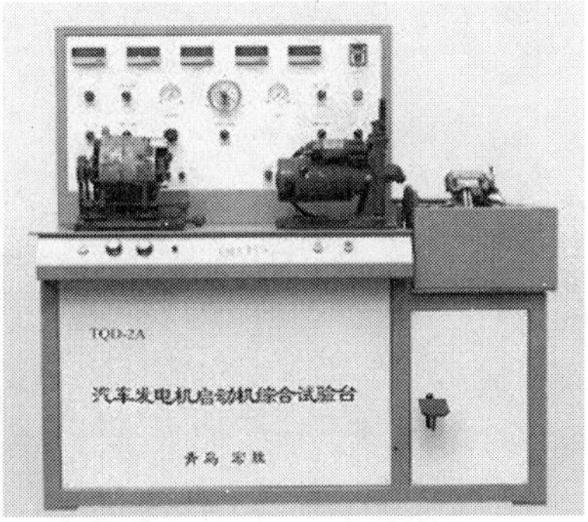

图5-113　起动机试验台

(3) 测试工作前，起动机必须装夹牢靠，检查无误后再接通起动机电源，按照技术要求做好测试结果记录，并将起动机分类摆放整齐。

(4) 两人以上使用试验台时，测试运转前必须相互告知，避免发生危险。

(5) 调整试验台连接部件时，必须先松开连接螺钉，调整好后再紧固螺钉，严禁用锤子直接击打调整。试验台上的拉压传感器、制动器及各种仪表均系精密部件，应注意保护。

(6) 试验台的电器部件发生故障，必须立即由电工进行维修。

(7) 测试完毕后，应关闭电源开关、蓄电池开关、气源阀门，擦拭并保持试验台清洁，同时做好设备操作记录。

(8) 每班对齿盘传动部位加注一次润滑油，其他活动部位每5个班次加注一次润滑油。

19. 传感器试验台

传感器试验台采用变频调速、数字显示，是检测传感器的专用电器设备，如图5-114所示。操作使用中注意以下事项：

(1）试验台就位后，接好搭铁线，接通气源，打开电源开关。试验台初次通电，应检查油泵的正反转运行情况。

图 5-114　传感器试验台

(2）转速传感器测试。将转速传感器安装在左侧的夹具上，调整好间隙，连接好导线。将“转速开关”拨至“开”处，按下“变频调速 II”的“RUN”键，即可对转速传感器进行测试。

(3）温度传感器测试。将温度传感器安装在中间的夹具上，连接好导线。面板上的温度设定一般为110℃，然后将“温度开关”拨至“开”处，此时试验台内部温度加热装置及循环装置开始运行，即可对温度传感器进行检测。测试完毕后，先关闭“温度开关”。

(4）压力传感器检测。将压力传感器安装在右侧的夹具上，将导线连接好。将“压力开关”拨至“开”处，再按下“压力测试排气”开关排除空气，然后轻按“压力测试”按钮（不要按到底），即可对压力传感器进行压力检测。测试完毕后，先关闭“压力开关”，再关闭“压力测试”按钮，以免拆装时有残留压力。

20. 制动阀试验台

制动阀试验台适用于汽车制动阀的试验与检测，使用方便，具有自动夹紧等功能。能够对汽车制动器的制动角度、制动压力、过气时间、气腔气压等技术参数进行检测。操作使用中应注意以下事项：

(1）操作人员必须穿戴好工作服及必要的劳动保护装置。

(2）操作前，应先阅读上一班次的操作记录，无问题后打开设备电源开关和气源阀门，检查设备气源气压是否正常。

(3）每一项测试开始前，必须将转换开关转到指定的挡位，按要求做好“复零”操作。

（4）测试过程中，制动阀必须轻拿轻放并分类摆放整齐，按照技术要求做好测试结果记录。

（5）调整试验台连接部件时，必须先松开连接螺钉，调整好后再紧固螺钉，严禁用锤子直接击打调整。试验台上的压力传感器、角度传感器及各种仪表系精密部件，应注意保护。

（6）试验台的电器部件发生故障，必须立即由电工进行维修。

（7）测试完毕后，应关闭电源开关与气源阀门，擦拭并保持试验台清洁，做好“设备操作记录”。摆杆轴活动部位，每 5 个班次加注一次润滑油。

21. 冷媒回收加注设备

冷媒加收加注设备既可以依靠自身系统内部的压缩过滤装置把汽车空调管路内的冷媒回收到工作罐（冷媒罐）内，也可以按设定量向汽车空调系统加入相同类型的冷媒和冷冻油，如图 5-115 所示。冷媒回收加注设备还具有冷媒再生功能（分离空调系统内的冷冻油和水分，达到再利用的标准，使冷媒可循环使用）、空调检漏功能（检测空调管路是否存在泄漏）和抽真空功能（给空调系统管路抽真空）。

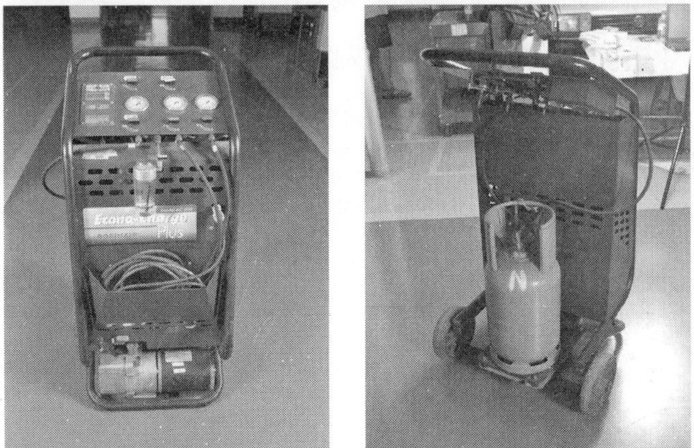

a) 正面　　b) 背面

图 5-115　冷媒回收加注设备

（1）只有合格的操作人员方可操作此冷媒回收加注设备。操作人员一定要戴好安全眼镜和防护手套，以免皮肤、眼睛受到冷媒蒸汽和液体的伤害，还要避免接触腐蚀性液体或气体。同时确保工作场所完全通风。

（2）冷媒罐必须经过认证，并确保可靠工作压力为 2.76MPa，切勿超过冷媒罐计量筒的工作压力。

（3）冷媒罐切勿充注过满，不得超过冷媒罐容积的 80%，由于液体膨胀，冷媒罐充注过满可能导致爆炸。严禁将不同的冷媒注入同一容器。

（4）回收冷媒前，冷媒罐一定要达到真空标准（－0.1MPa），以净化不可凝气体。每个冷媒罐在制造时都已充满氮气，所以在第一次使用前应把氮气放排尽。

（5）冷媒回收加注设备设有压力切断开关，如果系统内部压力超过设定值，系统将自动切断。

（6）每种冷媒必须使用各自的过滤器，并且要定期更换。

（7）回收大量液态冷媒时，使用推拉式回收。回收完成后，确定冷媒回收加注设备内未残留任何冷媒，如图 5-116 所示。

（8）冷媒回收加注设备放置不用时，必须完全排尽任何残留的冷媒并且用干燥氮气进行净化。关闭所有阀门（图 5-117），防止空气或空气中的水分影响回收结果，降低设备的使用寿命。

图 5-116　确认设备中未残留冷媒

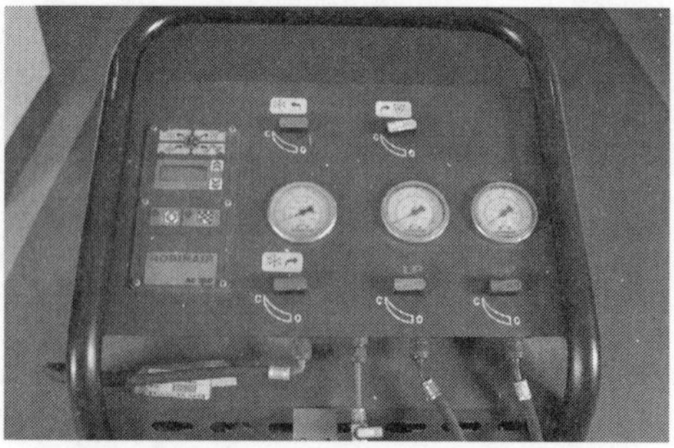

图 5-117　关闭所有阀门

第三节　通 用 设 备

1. 电焊设备

电焊设备是指在维修作业中用来进行焊接作业的设备，如图5-118所示。操作使用中应注意以下事项。

a）正面

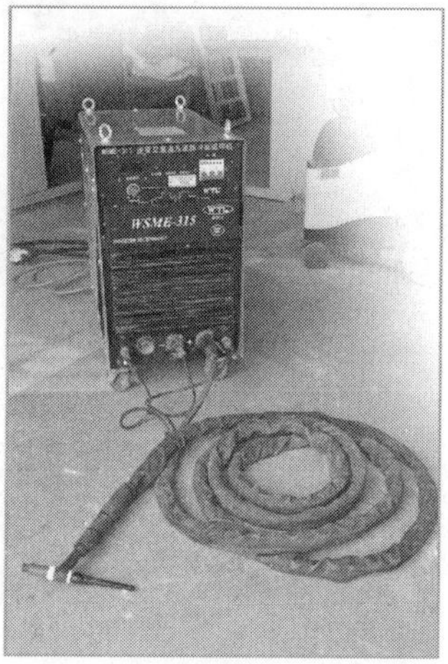

b）背面

图5-118　电焊设备

（1）焊机的电源输入必须有良好的绝缘，并必须加以保护，避免损伤电源。长时间不用的焊机，必须进行绝缘电阻测量，低于2MΩ 的焊机需热干燥或烘干后方能使用。

（2）工作场所附近，不可有煤油、汽油或其他易燃物品。在狭窄处或闭式容器内进行工作时，必须有通风设备。

（3）焊机的外壳在开始焊接前必须搭铁，工作完毕时不能随意拆去搭铁线，且要经常检查搭铁可靠性。检查确保焊钳、电缆和电源线的绝缘无破损，焊机的输入、输出接头要拧紧。

（4）检查电源开关的接触状态及有无过热痕迹等，若接触面有烧伤应修平。检查螺栓、螺钉类的紧固状态，若有松动应拧紧。

（5）用压缩空气彻底地清除绕组、可动铁心（线圈）移动导轨及进给丝杆上的积尘。

（6）未戴防护罩不允许进行电焊，不可目测弧光。铲除焊件的铁锈和清除焊渣时，必须戴手套和护目镜（图 5-119）。

（7）工作完毕或临时离开时，必须切断电源。

2. 气体保护焊设备

气体保护焊设备是一种熔化极气体保护焊机，如图 5-120 所示。可用于焊接低钢、低合金高强钢、不锈钢、钢、铁、铜、铝、镍等。操作使用中应注意以下事项：

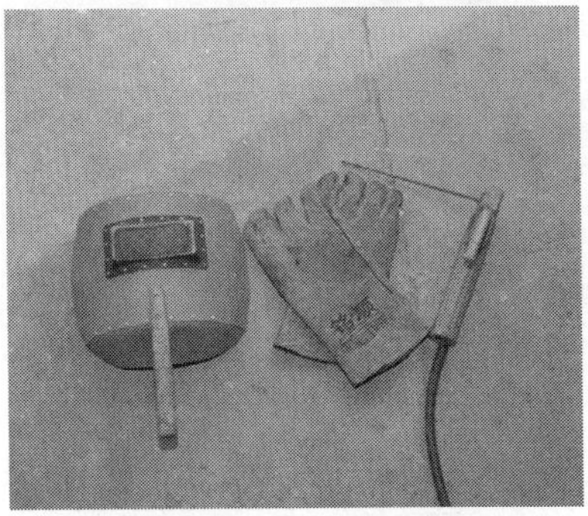

图 5-119　手套和护目镜

图 5-120　气体保护焊设备

（1）在搬动和储存焊机时，要用防静电的物品盖好，以免造成设备损伤。使用设备前，应检查气瓶的完好性，如有损坏，可能会产生爆炸，如图 5-121 所示。

（2）接好焊机搭铁线（图 5-122），防止产生静电。必须使用原厂的零件及配件。易燃、易爆品要远离焊接区。

图 5-121　检查气瓶的完好性

图 5-122　接好焊机搭铁线

(3) 操作人员必须穿戴手套、较厚的长工衣和工裤及厚底绝缘鞋。飞溅的火花和弧光会对人造成伤害，操作时要戴面罩或带边的眼镜。在工作场地，因焊接会产生有毒气体，要注意通风，以免中毒，禁止在封闭的容器里焊接。不允许皮肤和湿衣服接触焊机。电磁场会影响操作人员心脏，如心脏安装有起博器者，要远离设备。

(4) 在安装焊丝和清理焊机内部时，不要被压丝轮压伤。在启动焊机送焊丝时不要把手放在焊枪口，以免被焊丝扎伤手。

(5) 焊接时，搭铁线与工件直接相接。焊接过程中，不要用手去触摸发烫的工件。禁止在高处焊接。

(6) 不要长时间连续工作，否则会造成机器部分零部件过热，损伤机器的使用寿命。

(7) 焊接完毕后，检查焊接区域有无热飞溅物和热金属，防止发生火灾。

(8) 使用后关掉设备电源，且不要让电缆绕在操作人员身上，如图 5-123 所示。

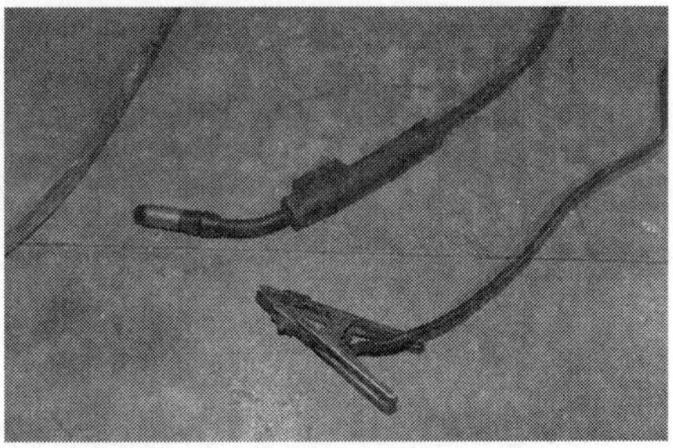
图 5-123　电缆线不要缠绕

(9) 在维护和修理焊机时，切勿带电作业。

3. 磨气门机

磨气门机是由电动机带动砂轮旋转，磨前气门头的锥面，如图 5-124 所示。属于小型修理机床，因此可不用地脚螺栓固定，可放在一只专用台架上，使机器处于水平位置。磨气门机一般可磨气门直径为 $\phi30 \sim \phi90$mm，可夹气门杆直径为 $\phi7 \sim \phi16$mm，可磨气门角度为 $30^\circ \sim 60^\circ$操作使用中应注意以下事项：

(1) 砂轮修整：砂轮使用后及换新砂轮，都必须经过修整。修整时，将修整支架紧固在前侧左右的平面上，用金刚钻不同的安装位置修整砂轮的外圆及端面。

（2）角度调整：角度标牌上显示磨气门的角度值，角度调整好后，通过紧固螺母压紧车头。

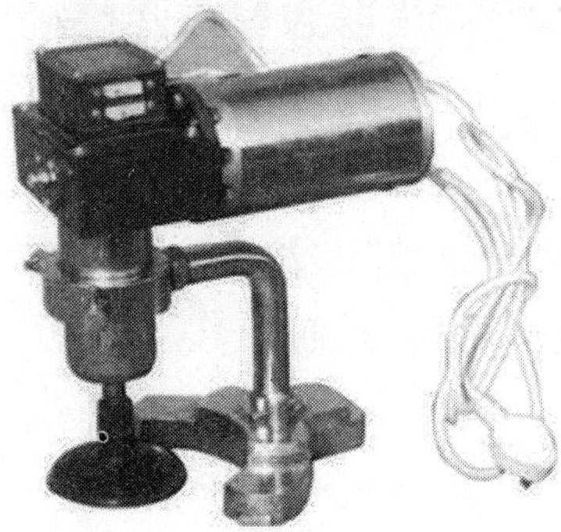

图 5-124　磨气门机

（3）装夹工作：采用钢珠式夹紧，插入气门杆再旋紧支架螺钉，直至将气门夹紧。

（4）磨削气门锥面和端面：气门杆正确装夹后，即可启动机器。用砂轮锥面磨削气门的锥面，然后磨气门的端面，再用砂轮平面进行修磨。

4. 立式汽缸珩磨机

立式汽缸珩磨机主要用于珩磨发动机的汽缸孔、缸套孔及其他精密的孔，如图 5-125 所示。主轴旋转，进给采用无级变速，工作台可纵向移动，并可快速夹紧汽缸体。操作使用中应注意以下事项：

（1）汽缸体安装：将汽缸体置于工作台面上，对于轻型汽缸体还应该用压板固定。

（2）定中心：将珩磨头装在主轴上，当机器处于水平位置时，珩磨杆及珩磨头垂直并对准汽缸孔内（此时珩磨头砂条应与孔径吻合）。

（3）定行程：调整珩磨杆长度及上、下限位块的位置，使珩磨头上的砂条距离汽缸体上平面 1.5～2.5mm。

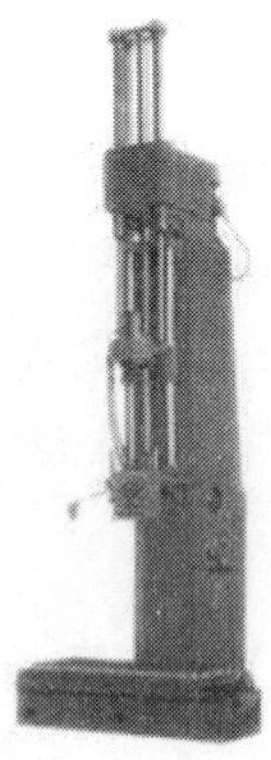

图 5-125　立式汽缸珩磨机

（4）选择转速：一般珩磨 $\phi40 \sim \phi85$mm 汽缸孔，主轴转速为 240r/min；$\phi85 \sim \phi140$mm 汽缸孔，主轴转速可选择 128r/min。

5. 汽缸镗床

汽缸镗床主要用于镗削整修汽车发动机汽缸，如图 5-126 所示。使用时，将镗床直接安放在被加工的发动机汽缸体上部，固紧后即可进行镗孔加工。凡是镗削材料硬度在 HB240 以内，镗孔直径在 $\phi65 \sim \phi165$mm)，镗孔长度 300 ~ 400mm 以内，均可采用镗削。操作使用中应注意以下事项：

图 5-126　汽缸镗床

（1）使用前，应掌握使用说明书中有关操作和调整等事项，以免造成事故。

（2）操作和维修汽缸镗床的人员，应经过专门的培训，熟练掌握各项操作要求。

（3）汽缸镗床是一种专供修理发动机的移动机床，在工作过程中搬运时应小心轻放，防止碰撞和摔坏。引入电源应有良好的搭铁和漏电保护装置。

6. 空气压缩机

空气压缩机是压缩空气的气压发生装置（图 5-127），为汽车维修提供气源，它是通常是将电动机的机械能转换成气体压力能。

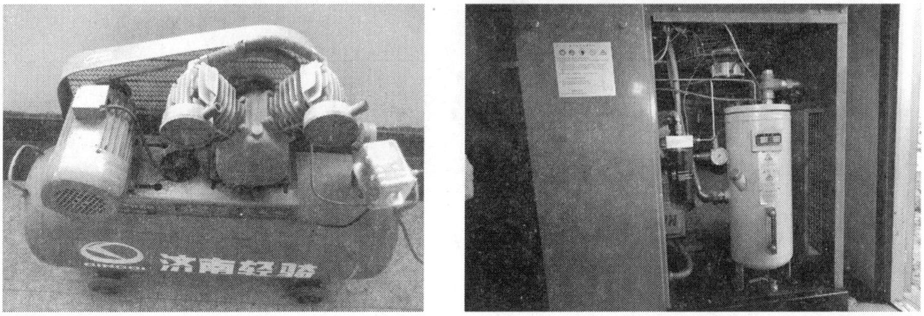

a) 小型　　b) 大型

图 5-127　空气压缩机

（1）新压缩机调试，必须由专业人员操作。压缩机附近应配有适当的灭火器。

（2）引到压缩机的电源线上，必须安装空气开关、熔断丝等安全装置。为了确保电器设备的可靠性，应安装合适的搭铁线，必要时安装避雷装置。对于大型压缩机，安装要在设备周围留出一定的维修空间。

（3）第一次启动压缩机或电源线变动后的，必须检查压缩机组旋转方向是否正确。启动前，将压缩机短暂接通（约 1s），检查旋转方向。必须确保压缩机的旋转方向正确，否则短短几秒钟就有可能导致螺杆组损坏。

（4）压缩机排气压力不能在高于铭牌上的规定（图 5-128 所示），否则电动机会过载，导致电动机和压缩机停车。

（5）压缩空气和电都有危险性，检修或维护时应确保电源已切断，整个压缩机系统里压缩空气完全释放。断电检修时，应锁闭电源盒，并在电源处挂检修标志及禁止合闸标志，以防他人合闸送电。每年须检查安全阀、停机保护系统一次，确保其灵敏可靠。

图 5-128　压缩机铭牌

思　考　题

1. 用万用表测量电流和电压时，分别注意哪些事项？
2. 使用千分尺前，应检查什么内容？

3. 厚薄规测量间隙时，尽量避免哪些操作？

4. 试述给轮胎充气时，轮胎气压表的使用注意有哪些？

5. 请列出操作红外线测温仪时安全事项。

6. 简述发动机诊断仪使用的安全要点。

7. 汽车驶入侧滑试验台前，对汽车和试验台有哪些要求？

8. 汽车驶入反力式滚筒制动性能试验台后，如何进行安全操作？

9. 说明汽车底盘测功机的主要安全操作事项。

10. 使用轮胎轮辋拆装设备时，操作人员佩带哪些防护用品？

11. 操作车轮动平衡机前，做好哪些准备工作？

12. 对于四轮定位仪有哪些防护要点和措施。

13. 不能在举升机上进行哪些作业？

14. 使用通过式车身清洗设备时，对汽车有哪些要求？

15. 简述车身整形、校正及测量设备操作前应注意哪些事项？

16. 在喷烤漆房中烤漆，如何做到安全？

17. 试述使用充电设备的操作注意事项。

18. 冷媒回收加注前，冷媒回收加注设备要具备哪些条件？

19. 对焊接场所和操作人员的要求分别是什么？

20. 说明使用空气压缩机的主要安全事项？

第六章　汽车维修工具使用安全

在汽车维修当中，正确地选用和使用工具，可以取到事半功倍的效果，正如俗话所说汽车维修是“三分技术、七分工具”。但许多汽车维修人员不重视工具选择技巧和使用方法训练，不仅不能顺利地完成工作，甚至导致人员受伤。本章从基本安全操作角度，对汽车维修中常用的手动工具和气动工具做介绍。

第一节　手动工具

一、通用工具

1. 扳手

扳手是汽车维修中最常用的一种工具，主要用于扭转螺栓、螺母和带有螺纹的零件。如果扳手选用或使用不当，不但会造成零件和扳手损坏，还可能引发伤人的安全事故。扳手的种类很多，常见的有开口扳手、梅花扳手、套筒扳手、活动扳手和扭力扳手，如图6-1所示。选择扳手的次序是：套筒扳手优先，梅花扳手其次，最后是开口板手和活动扳手。

（1）套筒扳手的优点在于它能旋转螺栓/螺母而不需要重新调整，这样就可以迅速转动螺栓/螺母。套筒扳手可以根据拆卸螺栓的力矩和使用的工作环境，安装不同的手柄如棘轮手柄、滑动手柄、旋转手柄。棘轮手柄和套筒头如图6-2和图6-3所示。

（2）开口扳手钳口以一定角度与手柄相连，可以通过转动开口扳手在有限空间中进行旋转，如图6-4所示。为防止相对的零件也转动，开口扳手不能提供较大力矩，因此不能用于最终拧紧。

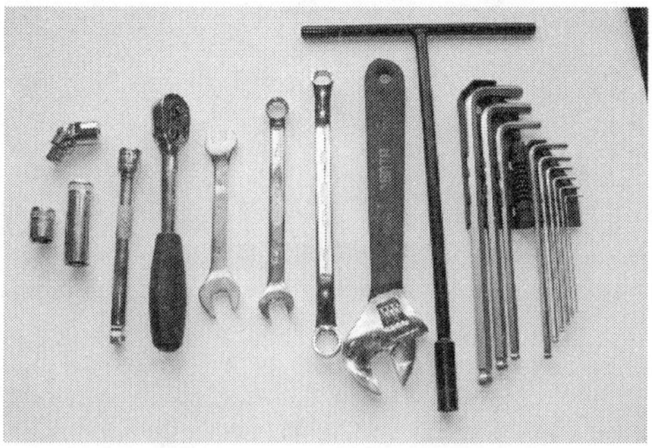

图6-1 各类型扳手

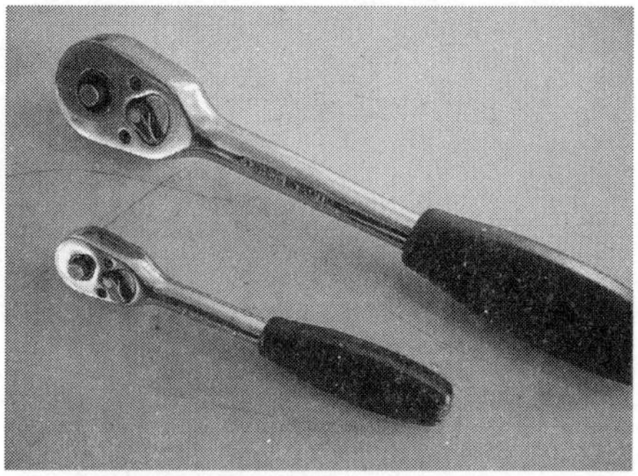

图6-2 棘轮手柄

图6-3 套筒头

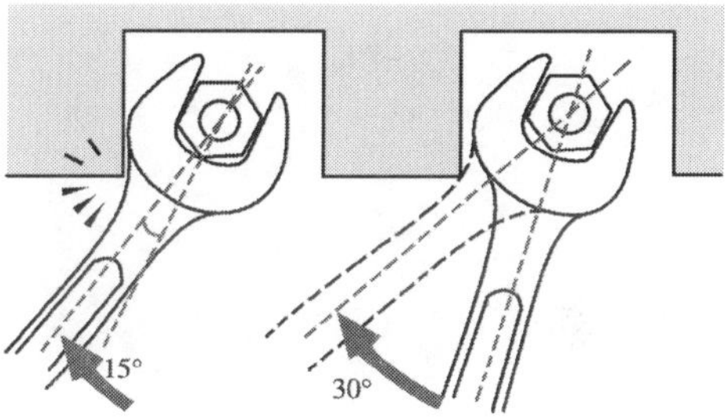

图6-4 反转开口扳手增加使用空间

（3）活动扳手可通过旋转调节螺杆改变钳口孔径，如图6-5所示。一个活动扳手可用来代替多个开口扳手，但不适合于施加大力矩。使用时，应使可调钳口在旋转方向（图6-6），否则，压力将作用在调节螺杆上，导致扳手损坏。

（4）扭力扳手主要用于有规定力矩值的螺栓和螺母的装配，扭力扳手有指针式和预置力式两种，如图6-7所示。扭力扳手是一款精密的工具，应当用作测量和测试仪器，不能当作敲击工具使用，不然将会损坏扭力扳手。

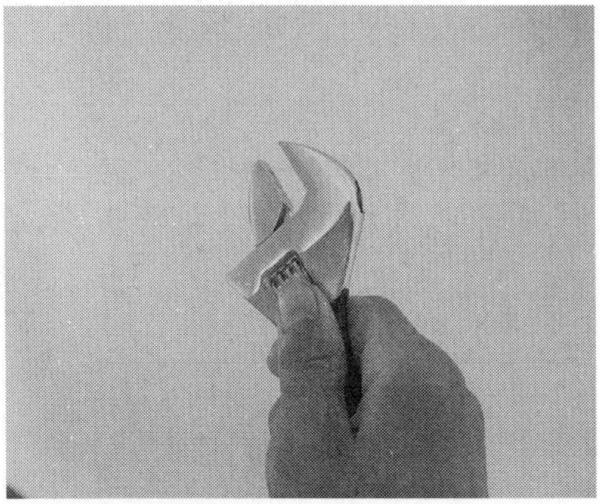

图 6-5　活动扳手

图 6-6　可调钳口在旋转方向

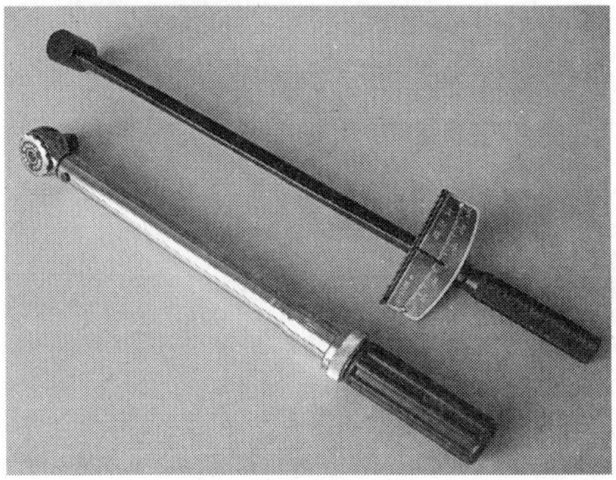

图 6-7　扭力扳手

①扭力扳手专门用于控制力矩螺栓的紧固，不得使用扭力扳手旋松螺栓。

②在使用扭力扳手前，确认扭力扳手已经按其规格校准过。应严格参照扭力扳手不同型号所承诺的扭力范围，不要超出设定力矩值使用扭力扳手，以保障合理使用精度下的准确性。

③拧紧螺母时，应均匀平衡施力于扭力扳手柄上。随着阻力的不断增加，施力的速度应当相应的放缓，严禁施加冲击力。在均匀地增加施力时，必须保持扭力扳手头和紧固件垂直，以保证扭力扳手读数的准确性，如图 6-8 所示。使用扭力扳手时，切勿倾斜扳手手柄，否则容易导致扭力值偏差甚至损坏紧固件。

④扭力扳手上必须连接标准的套筒和附件到使用，不能连接破损的或有缺陷的附件使用，不要使用由大变小的转换接头，不可在扭力扳手尾端加接加力管，如图 6-9 所示。

图 6-8　正确使用扭力扳手的姿势

图 6-9　严禁在扭力扳手手柄上加装套管

（5）使用扳手时需要注意以下事项：

①保持扳手清洁、干燥和无油。

②不得将扳手当锤、撬棒或其他工具使用。

③选用扳手要注意被松紧件的公、英制，不能凑合使用扳手。

④应针对作业情况选择扳手种类，对重负荷作业应选用套筒扳手、梅花扳手、扭力扳手，对中负荷作业应选用开口扳手，对轻负荷和特别尺寸的作业应使用活动扳手，如图 6-10 所示。

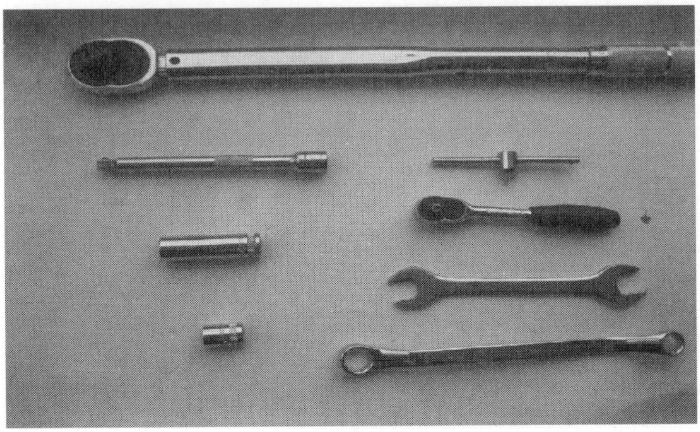

图 6-10　根据作业情况选择扳手种类

⑤合格的扳手在设计尺寸时已考虑了载荷的平衡、作用力大

小，切勿在扳手上加接接杆增加扳手的作业负荷，如图6-11所示。如作业需要增加负荷时，可更换扳手种类，或对作业件采取减载措施，切勿为提高作业负荷而锤击扳手。

图6-11　禁止在扳手上加装套管作业

⑥在松紧螺母前首先观察螺纹的旋向，当看不清旋向时可先以一个方向试紧（顺时针），再视感觉进行松紧作业。

⑦无论进行松紧，以向自己拉的方向作业，尽量不要推，如确实需要推时，应掌心张开去推。在进行松紧作业时，应摆正作业姿势，站立稳妥，身体位置能运动开，并将扳手完全卡、抓住螺母，平衡施力，以防意想不到的打滑、破裂或折断。活动扳手应调至夹紧状态后再施力。

⑧不允许扳手接近过高的温度和火焰，以免降低扳手强度。

⑨若扳手手柄上包以塑料，不要误当为电绝缘层。

2. 电子扭力扳手

电子扭力扳手是指能够用数字精确显示力矩大小的扳手，如图6-12所示。使用中应注意以下事项：

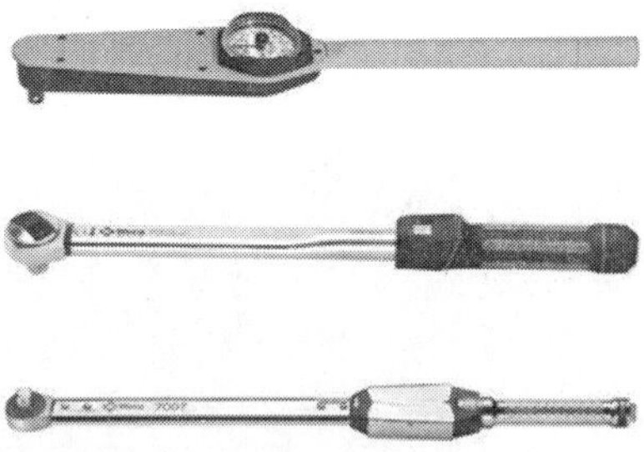

图6-12　电子扭力扳手

（1）电子扭力扳手不得在关机状态下使用，也不要在通电的物品上使用电子扭力扳手。

（2）操作人员需要佩戴安全防护眼镜。

（3）绝对不可以用电子扭力扳手来松脱螺栓、螺母。不要在手柄末端施力，施力时紧握手柄中央，如图6-13所示。不可以在手柄上外加延长杆使用。

（4）使用前必须确认所施加的力，符合扭力扳手的扭力范围（图 6-14），所有的零件包括转接头、棘轮头可以承受的扭力范围。所施加的力矩超过最大力矩值时，应校正扭力扳手。

图 6-13　施力时要握手柄中央

图 6-14　确认施加扭力的范围

（5）不要使用已经破损后有裂痕的套筒及配件，对于螺母要选择合适规格的套筒进行操作。

（6）在施加扭力时，不要按动任何按键。

（7）扭力扳手需要定期校正。

（8）除安装电池外，不可任意自行拆开扳手。应尽快将耗尽的电池更换，必须更换相同类型规格的电池，如图 6-15 所示。长时间不使用，需将电池拆下。

图 6-15　电量耗尽应立即更换电池

3. 钳子

钳子用于弯曲细小的金属材料，夹持扁形或圆形零件，切断软的金属丝等。在汽车维修中常用的类型有钢丝钳、鲤鱼钳、尖嘴钳、斜嘴钳、水泵钳、卡簧钳、大力钳、管钳等，如图 6-16所示。使用中应当注意以下事项：

（1）使用前应先擦净钳子上的油污，以免工作时滑脱而导致事故；使用后应及时擦净钳子，并放在适当位置。

图 6-16　各类型钳子

（2）钳子的规格应与工件规格相适应，避免因钳子小工件大造成钳子受力过大而损坏。

（3）严禁用钳子代替扳手使用，以免损坏螺栓、螺母等工件的棱角，如图 6-17 所示。

（4）使用时，不允许用钳柄代替撬棒使用（图 6-18），以免造成钳柄弯曲、折断或损坏，也不可以用钳子代替锤子敲击零件。

图 6-17　严禁用钳子代替扳手使用

图 6-18　禁止钳柄代替撬棒使用

4. *螺丝刀*

螺丝刀是一种用于拧紧或拧松带有槽口的螺栓或螺钉的手用工具如图 6-19 所示。螺丝刀分为一字形、十字形、星形、偏置式等几种，使用时注意事项如下：

（1）在使用前应先擦净螺丝刀柄和口端的油污，以免工作时滑脱而发生意外，使用后也要擦拭干净。

（2）选用的螺丝刀口端应与螺栓或螺钉上的槽口相吻合，口端太薄易折断，太厚则不能完全嵌入槽内，容易使刀口或螺栓槽口损坏，如图6-20所示。

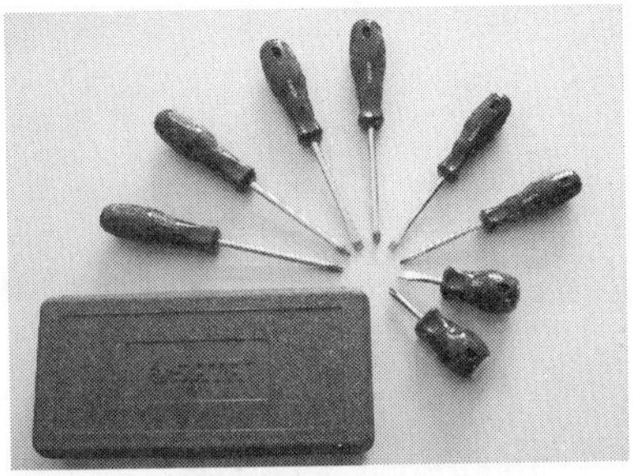

图6-19　各类型螺丝刀

图6-20　选择合适尺寸的螺丝刀

（3）不允许将螺丝刀当作撬棒或凿子使用，否则，会造成螺丝刀变形。不允许将螺丝刀当錾子使用，否则，会造成螺丝刀尖部缺损。

（4）正确的方法是，以右手握持螺丝刀，手心抵住柄端，让螺丝刀口端与螺栓或螺钉槽口处于垂直吻合状态，如图6-21所示。当开始拧松或最后拧紧时，应用力将螺丝刀压紧后再用手腕力扭转螺丝刀；当螺栓松动后，即可使手心轻压螺丝刀柄，用拇指、中指和食指快速转动螺丝刀。

图6-21　正确使用螺丝刀的姿势

5. 手锤

手锤也称为榔头，主要用于锤击錾子、冲子或敲击工件，使工件变形、产生位移或振动，从而校正、整形等目地。手锤有圆头和方头两种（图6-22），其规格是以锤头本身的质量来划定的。使用注意事项如下事项：

（1）使用前，应先检查锤柄是否安装牢固，如有松动应重新安装，以防在使用时锤头脱出而发生事故。

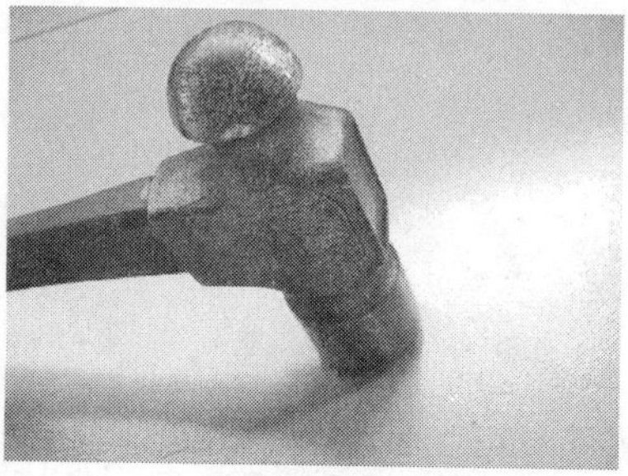

a）圆头

b）方头

图6-22　手锤

（2）使用时，并应清洁锤头工作面上的油污，以免敲击时滑脱而发生意外；还应将手上和锤柄上的汗水和油污擦干净，以免锤子从手中滑脱。

（3）使用锤子时，手要握住锤柄后端，握柄时手的用力要松紧适当。锤击时要靠手腕的运动，眼要注视工件，锤头工作面和工件锤击面应平行，这样才能保证锤面平整地打在工件上，如图6-23所示。

6. 錾子、冲子

錾子是錾削用到的主要工具，配合手锤一起使用。冲子主要用来冲出铆钉和销子，也可用来标示钻孔的位置及标注记号，如图6-24和图6-25所示。使用中应当注意以下事项：

图6-23　正确的锤击姿势

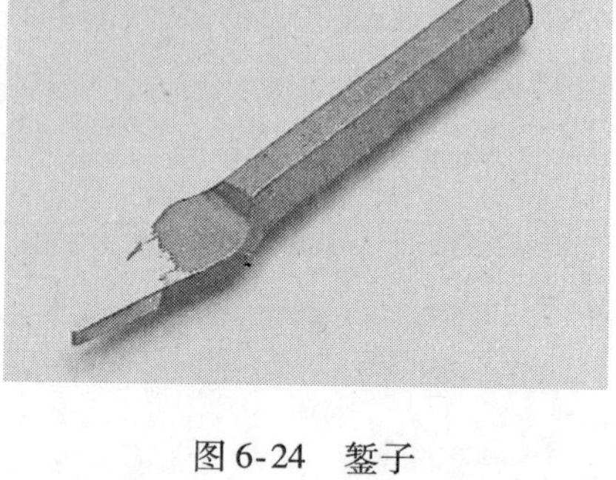

图6-24　錾子

（1）操作人员必须佩戴防护眼镜作业。

（2）禁止錾、冲淬火材料。錾子不得短于150mm，刃部淬火要适当，不能过硬。不准用废钻头代替冲子。

（3）使用时，柄上顶端切勿沾油，以免打滑；禁止对着人錾削工件，防止铁屑崩出伤人。

（4）錾子使用时要握稳握平（图6-26），使用锤子锤击时，要避免人身伤害。

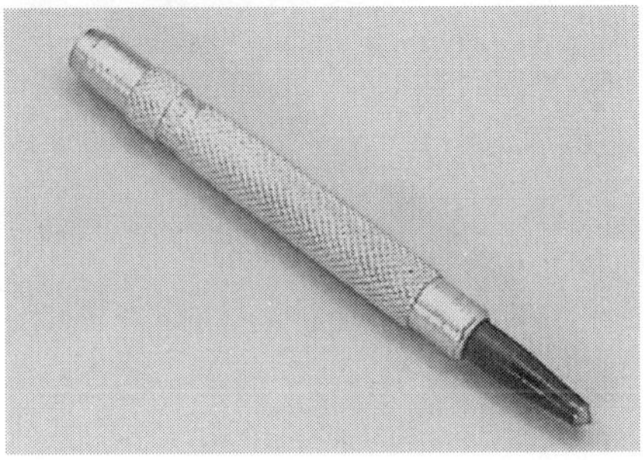

图6-25　冲子

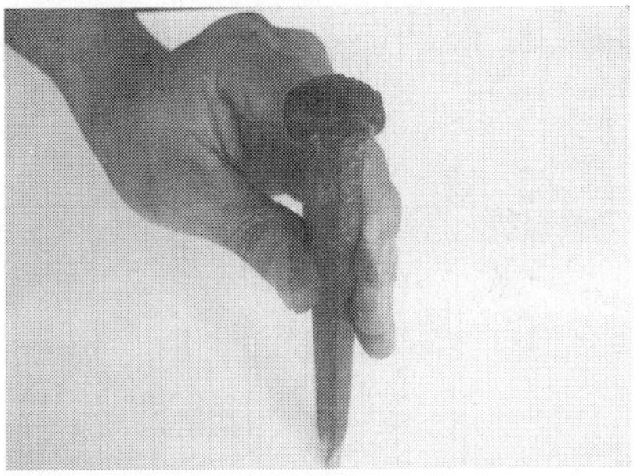

图6-26　錾子的正确使用

（5）顶端有卷边时要及时修磨（图6-27），有裂纹时严禁使用。

7. 锉刀

锉刀是锉削的主要工具，锉刀的主要部分是锉面上特制的锉齿纹，如图6-28所示。使用中应注意以下事项：

（1）禁止使用没上手柄或手柄松动的锉刀，如图6-29所示。

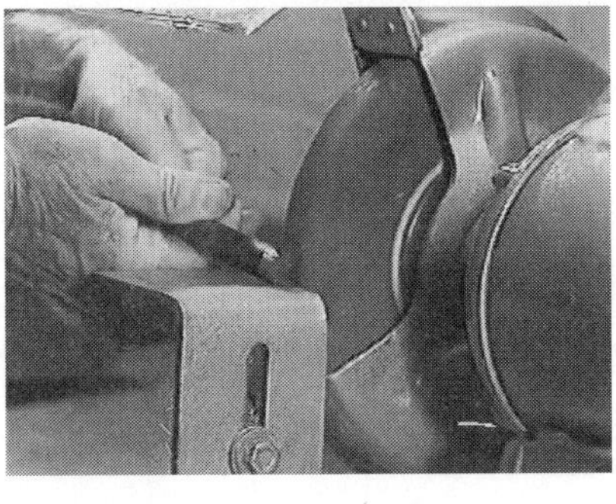

图6-27　錾子的修磨

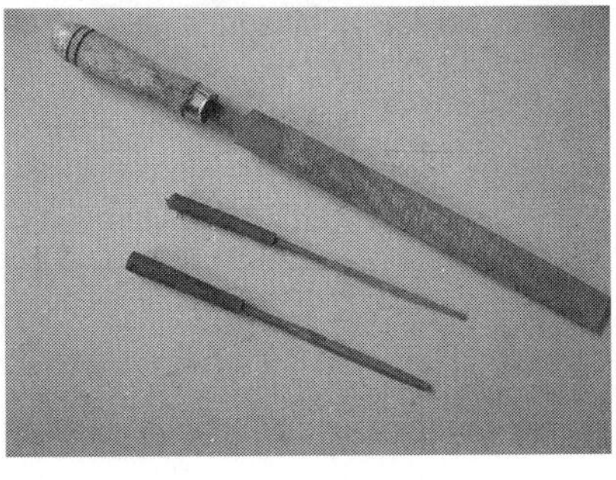

图6-28　各种锉刀

（2）锉刀杆不准淬火。使用前要仔细检查有无裂纹，以防折断发生事故。

（3）锉刀不能当手锤、撬杠或冲子使用，防止折断伤人，如图 6-30所示。

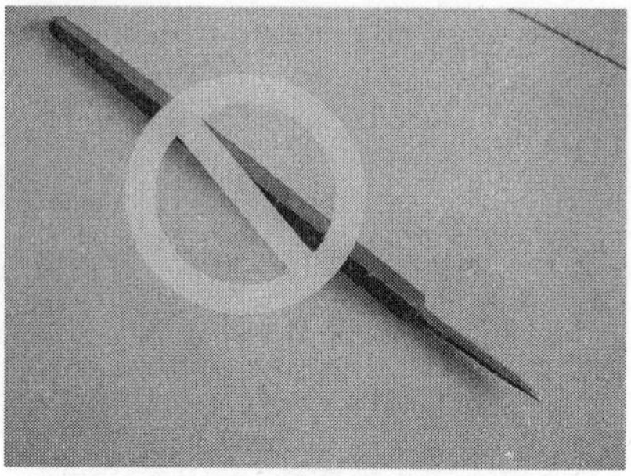

图 6-29　禁止使用无柄锉刀

图 6-30　不能将锉刀当撬杠用

（4）工件或刀上有油污时，要及时擦净，防止打滑。

二、专用工具

1. 油脂枪

油脂枪是用来加注润滑脂的工具，如图 6-31 所示。使用中应注意以下事项：

（1）使用质量好、无杂质的润滑脂，避免劣质润滑脂造成阻塞故障。

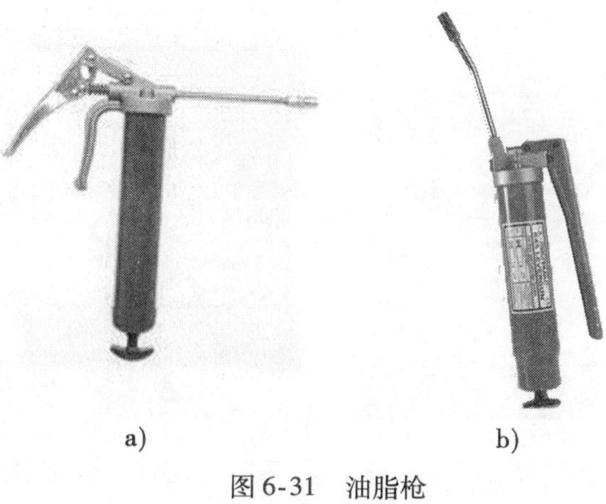

a)　　b)

图 6-31　油脂枪

（2）使用油脂枪时应轻拿轻放，以防枪筒在外力作用下变形而导致枪筒里的橡皮碗无法正常工作，如图 6-32 所示。

（3）在排尽空气后仍然打不出润滑脂，应停止操作并仔细检查油脂枪内的阻塞情况（图 6-33）。在排除故障后，方可重新操作油脂枪。

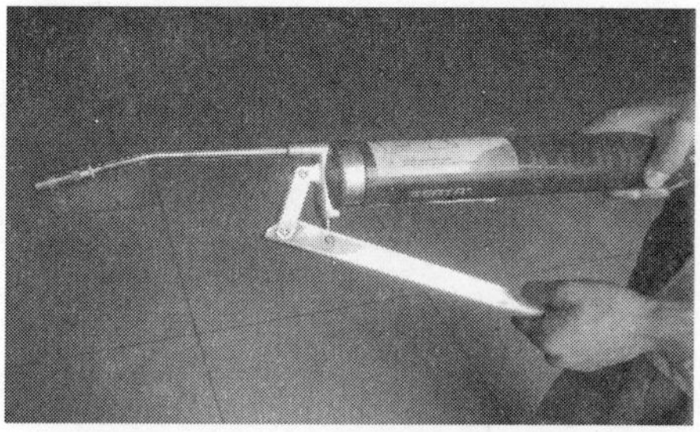

图 6-32 轻拿轻放油脂枪

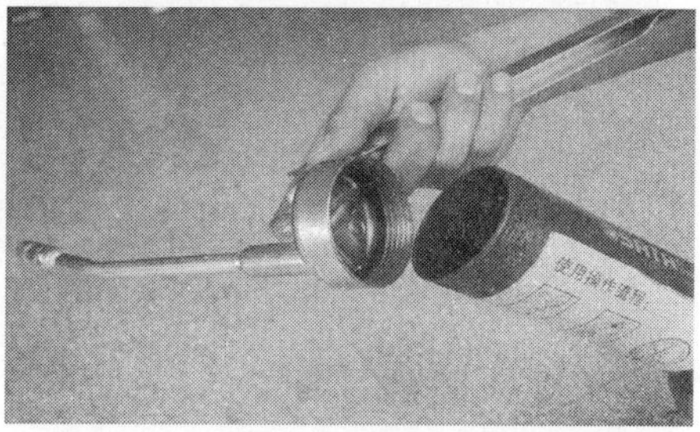

图 6-33 检查枪内阻塞情况

（4）加装桶装润滑脂，必须要将润滑脂筒的底部插入到位，且润滑脂筒的边缘没有损伤或挤压。已经用过的空桶，不能再次使用。

（5）加装密封罐润滑脂，加油前必须将用过的润滑脂筒取出。

（6）加装散装润滑脂，注意要将润滑脂枪内的空气排出，否则，容易形成空打现象，导致润滑脂无法排出。检查润滑脂枪出口处配件是否适度锁紧。

2. 拉拔器

拉拔器主要用于汽车维修中静配合副和轴承的拆装。常见的拉拔器有两爪和三爪两种类型，如图 6-34 所示。使用中应当注意以下事项：

（1）使用前，检查拉拔器的状况是否良好，并确认拉拔器摆放好后各支撑腿处于水平位置。这样可以保证工作中不倾斜，以使拉拔器整体受力均匀。

（2）拉拔器起升时，最好双手同时旋转手柄，使拉拔器两侧对称受力，如图 6-35 所示。双手用力要均匀，避免快速操作、超负荷工作和不恰当使用，以免使拉拔器过载损坏。

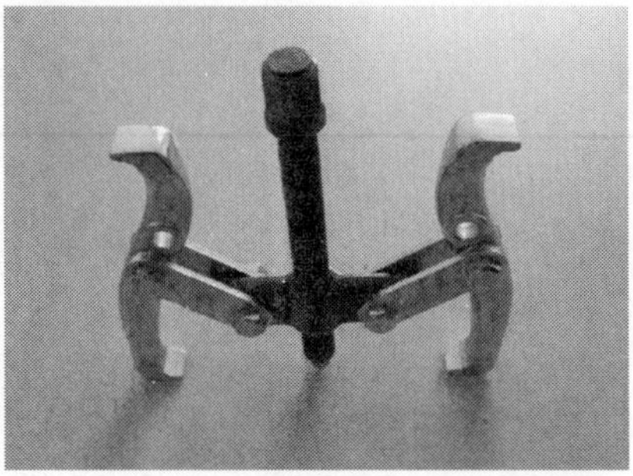

a) 两爪

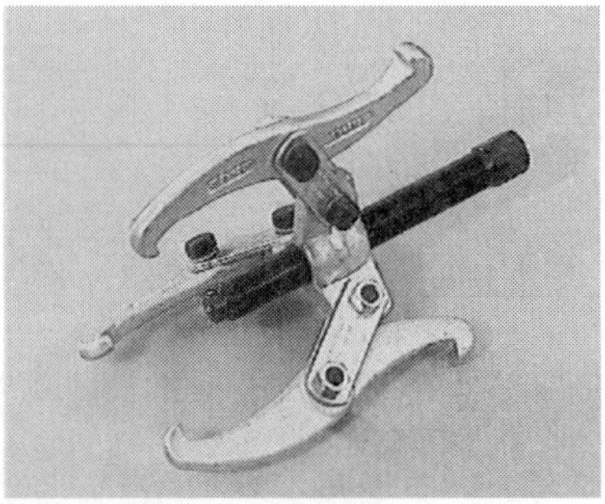

b) 三爪

图 6-34　拉拔器

(3) 使用完毕后，将其擦拭干净，放入工具箱储存起来。将拉拔器放置在干燥的地方，避免锈蚀或其他环境因素的影响。

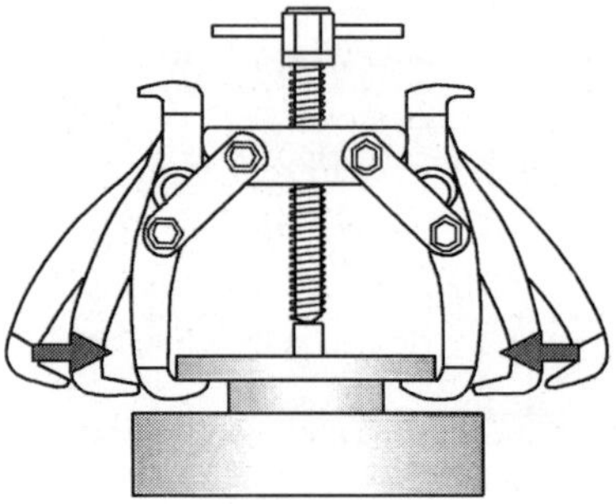

图 6-35　拉拔器两侧对称受力

(4) 拉拔器为金属材料制成，使用中应注意防锈和维护。轴承用油脂润滑，其他部分用机油润滑。拉拔器储存期间，应进行定期检查和润滑，若发现有损坏或腐蚀应及时更换，以免影响的正常工作。

3. 机油滤清器扳手

汽车上普遍采用一次性机油滤清器，直径均在 8cm 以上且顶部为多棱面（像一个大螺母），拆装时需要专用的机油滤清器扳手。

机油滤清器扳手分为钳式、帽式、三爪式和手铐式等几种，如图 6-36 所示。三爪式扳手适合拆除顽固滤清器，但不建议安装时使用。最好用的是帽式扳手（图 6-37），它可以和滤清器无缝相扣，对滤清器没有损伤，但不同车型配用相对应规格的扳手。最常用的是手铐式扳手，可以适合多种规格的滤清器。

4. 充电式手持 LED 灯

LED 中文的意思发光二极管。充电式手持 LED 在汽车维修中主要用于暗处的照明，如在发动机舱和车下作业时，如图 6-38 所示。

使用中应当注意以下事项：

（1）第一次使用前，应充分充满电。充电时确认 LED 灯处开关处于关闭状态。

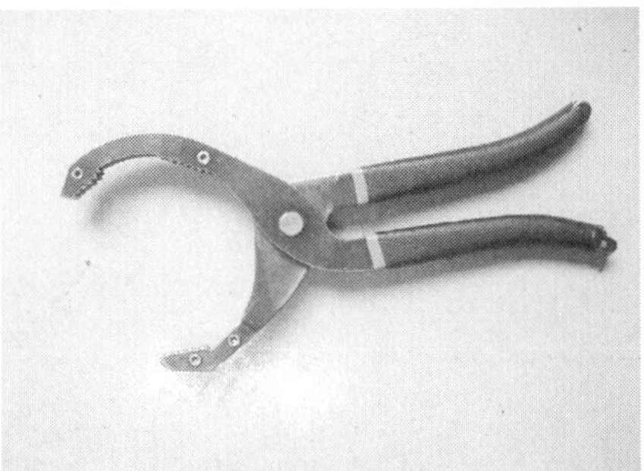

a) 钳式滤清器扳手

b) 帽式滤清器扳手

c) 三爪式滤清器扳手

d) 手铐式滤清器扳手

图 6-36　机油滤清器扳手

图 6-37　使用帽式扳手拆卸机油滤清器

a)　　　　　　　　　　　　　　b)

图 6-38　充电式 LED 灯

（2）至少每 6 个月充电一次。电池电量过低时，也应当尽快充电，如图 6-39 所示。

（3）使用时，应远离发热源，不能在有腐蚀气体、腐蚀液体、高湿度以及高粉尘的环境中使用。不得在使 LED 灯容易进水的环境中使用。

5. 数显无铅焊台

数显无铅焊台是专为无铅焊接而设计的一款智能无铅、极速回温电焊台，如图 6-40 所示。采用 LED 双温度显示（设定温度和实际温度），并采用数字校准模式，快捷、方便，有密码设定保护功能，输出功率稳定。烙铁头前端设有温度传感器，温度感应准确灵敏，加热及回温速度极快。使用方便、性能稳定是无铅焊接的理想工具。使用中应当注意以下事项：

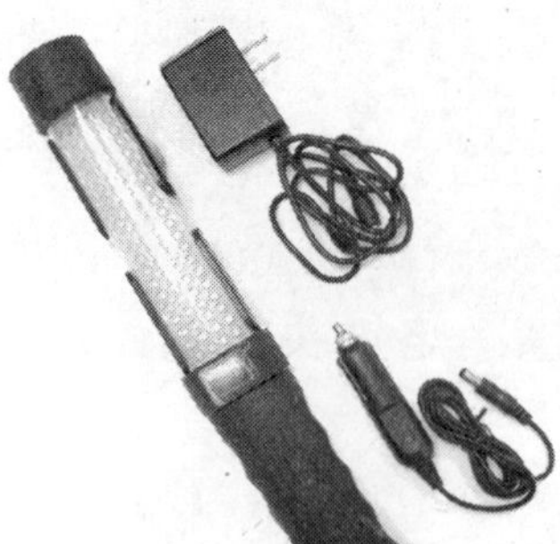

图 6-39　充电连接线

图 6-40　数显无铅焊台

（1）在安装或拆开焊台时，切记要关闭电源开关、拔出电源插头，以免损坏焊台或造成意外事故。

（2）烙铁架和海绵的使用：将小块清洁海绵先浸湿再挤干，置入烙铁架底座凹槽之中。添加水至烙铁架内，不能超过中间凸出部分，如图6-41所示。小块海绵吸收水分后，可置于大块海绵上保持潮湿状态。然后沾湿大块清洁海绵，置于烙铁架底座。使用中应保持海绵湿润。

（3）烙铁头的选择：选择烙铁头时，保证与焊点有最大接触面积、到焊点的热量传输路径最佳，如图6-42所示。较短长度的烙铁头可以更精确的控制热量，但对于密集线路板的焊接，应选择较长或有一定角度的烙铁头。

图6-41　添加水至烙铁架内

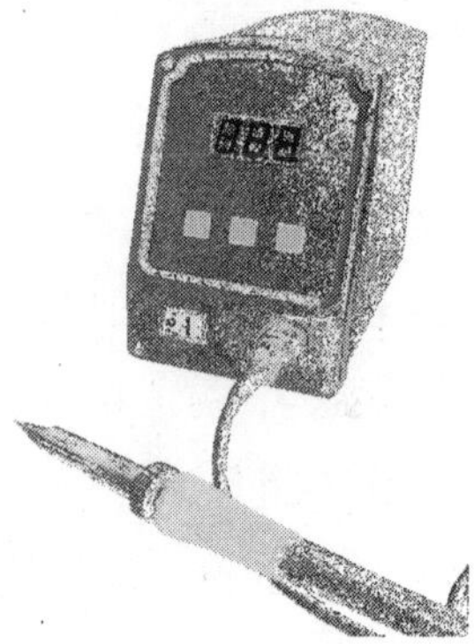

图6-42　合理选择烙铁头

（4）烙铁火的处理：烙铁头温度稳定后，用清洁的海绵进行清理，并检查烙铁头表面状况。当烙铁头的镀锡部分含黑色氧化物时，要镀上新锡层，再用清洁海绵擦净烙铁头。如此重复清理，直到彻底除去氧化物为止，然后再镀上新锡层。如果烙铁头变形或发生腐蚀，必须更换新的烙铁头，切勿用锉刀剔除烙铁头上的氧化物。

6. 三芯绕线盘

三芯绕线盘是一定长度电线缠绕起来可移动的收卷装置，为汽车维修中使用的电动工具和设备提供电源，如图 6-43 所示。一般具有全密封结构，防止灰尘和水进入，安全可靠，使用方便。使用中应注意以下事项：

图 6-43　三芯绕线盘

（1）禁止非专业人员打开绕线盘的外盖。

（2）使用前，应核实电压是否匹配，严禁过载使用。检查设备是否有异常现象，若有则立即停止使用，修理后方可使用。

（3）使用时，缓慢匀速两手交替抽拉电线至合适的长度。见到长度警示标志后，应立即停止拉扯，并用棘轮制动锁定。

（4）使用中，应避免电线折弯、踩踏电线、接触尖锐物品。使用后，应将插头从插座上拔出，并把电线擦拭干净。

（5）绕线盘内部装有过热保护器，如果温度过高则会自动保护，切断电路，此时必须把用电设备插头从绕线盘上拔出。恢复工作状态时，需要按绕线盘外盖上的复位按钮。

图 6-44　将电线拉出 8 ~ 30cm

（6）电线回收时，需将电线缓慢拉出 8 ~ 30cm，图 6-44 使棘轮制动脱离锁止状态后。用手把持电线，使其缓慢回收，不允许脱手让其自动回收。为了确保电线正常回收，应使用蘸温水的抹布清除表面污垢，不要使用可能损伤电线的清洁剂或溶剂。

7. 荧光灯

传统型荧火光灯即低压汞灯，是利用低气压的汞蒸汽在通电后释放紫外线，从而使荧光粉发出可见光的原理发光，因此它属于低气压弧光放电光源，在汽车维修中普遍作为照明使用，如图 6-45 所示。使用中应注意以下事项：

（1）禁止非专业人员随意拆卸荧光灯。

（2）荧光灯不得在有明火、易燃易爆气体和高温环境下使用，不得在荧光灯容易进水的环境中使用，如图6-46所示。

图6-45　荧光灯

图6-46　荧光灯在安全的环境中使用

（3）在任何情况下，防荧光灯跌落，也不能敲击、捶打荧光灯。

第二节　气动工具

一、气动磨机

气动磨机是利用压缩空气带动气动马达的打磨机器，具有打磨效率高、均匀和光滑的特点，如图6-47所示。使用中应注意以下事项：

（1）气动磨机只能由专业人员组装、调节和使用，如图6-48。禁止对气动磨机进行改装。不得使用已经有损坏的气动磨机。

图6-47　气动磨机

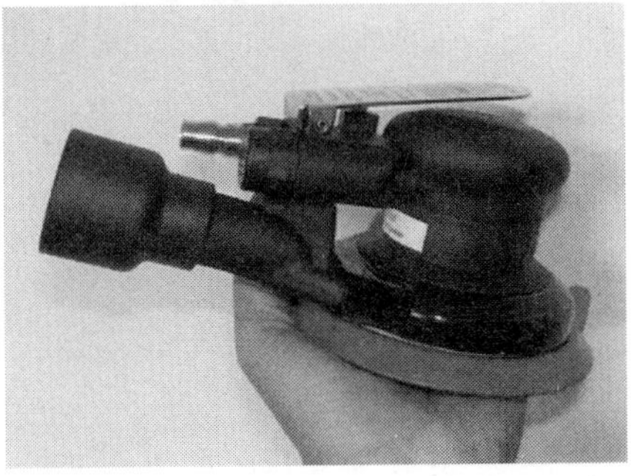

图6-48　气动磨机只能由专业人员使用

（2）操作人员必须佩戴护耳装置、防护眼镜和防尘面具，穿着合适的工作服。

（3）压缩空气内不得混入油脂。不要把压缩空气入口直接朝向自己或他人，不要把气动磨机放置在压缩空气软管旁边。不得将磨削下来的废弃物混入生活垃圾。

（4）操作时，将工件固定牢靠。双手握住气动磨机，注意控制和平衡机器正常或瞬间的突然移动。保持安全的操作姿势，时刻保持身体的平衡。

（5）操作时防止被压缩空气软管绊倒，气源突然中断时，不要碰触开关键。打磨过程中若产生粉尘，应安装合适的集尘设备。

（6）在寒冷天气工作时，穿御寒衣物，保持双手的温暖和干燥。振动可能导致手和胳膊的神经、血液循环障碍，若操作时出现手指麻木、刺痛、疼痛或手、手指变白的情况时（图 6-49），应立即停止工作并及时就医。

（7）维修气动磨机或更换零配件时，必须关闭气源，将压缩空气软管和气动磨机分离。

二、气动冲击扳手

气动冲击扳手是一种利用压缩空气带动的快速拆装螺栓和螺母的工具，如图 6-50 所示。使用中应当注意：

图 6-49　长时间振动对神经和血液循环有影响

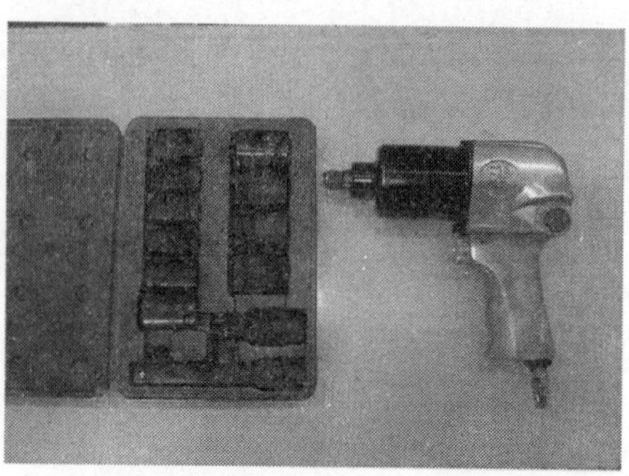

图 6-50　气动冲击扳手

（1）禁止自行变更冲击扳手的结构和用途。维修冲击扳手或更换零配件时，应当佩戴专用面罩及护具，必须关掉气源，并分离冲击扳手和气源。不得使用生产厂家规定外的附件及配件。

（2）操作人员必须佩戴符合标准的专用护目镜、护耳用具、口罩等，不得佩戴首饰、围巾、领带，不得穿宽松的衣服。

（3）输气管路中必须安装清洁、干燥设备。使用输气管路前，确认工作压力范围。使用中不得缠绕、碾压输气管路。不得将输气管路直接对人。不要将输气管路长时间放置在过道及工作区域。

（4）使用冲击扳手前，将气压至使用说明书所要求的压力值。

（5）操作时，确保用足够的力量握紧冲击扳手（图6-51），不得接触运动中的转轴及配件。

（6）长时间重复动作、振动及不舒适的位置会使身体不适（图6-52），这时应停止使用冲击扳手。

图6-51　用足够力量握紧冲击扳手

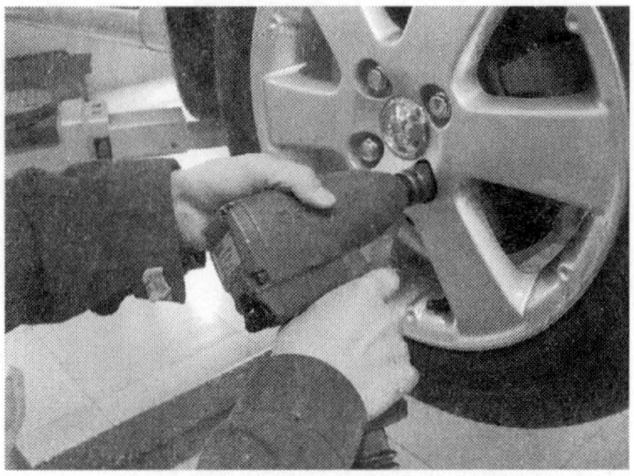

图6-52　长时间振动会使身体不适

三、气管卷管器

气管卷管器是一定长度气管缠绕起来的收卷装置，为汽车维修中使用的气动工具提供气源，如图6-53所示。为全密封结构，防止灰尘和水进入，安全可靠，使用方便。使用中应注意：

（1）禁止非专业人员打开卷管器外盖或拆卸卷管器。禁止未成年人进入工作场地。

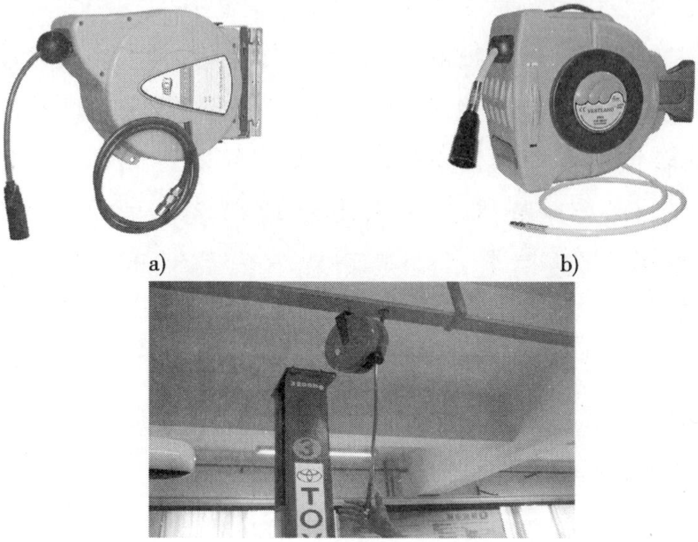

a)　　b)

c)

图 6-53　气管卷管器

（2）操作人员应佩戴安全防护镜，谨防压缩空气将灰尘等吹入眼睛。

（3）确保卷管器的工作压力不超过规定的压力值，严禁过载使用。

（4）为了确保管子正常回收，应使用蘸温水的抹布清除表面污垢，不要使用可能损伤管子的清洁剂或溶剂。如果管子不能正常回收，应关闭气源。

思　考　题

1. 常用的扳手有几种，选择的原则是什么？
2. 简述电子扭力扳手的使用注意事项。
3. 使用钳子的注意事项有哪些？

4. 如何正确使用螺丝刀？
5. 说明锤子的正确使用方法。
6. 使用锉刀的注意事项有哪些？
7. 拉拔器使用前和使用后，分别有什么要求？
8. 机油滤清器扳手有几种，常用的是哪种？
9. 简述使用充电式 LED 灯的注意事项。
10. 在三芯绕线盘使用过程中，有哪些注意要点？
11. 说明荧光灯的使用注意事项。
12. 使用气动工具时，操作人员应佩戴哪些防护用品？
13. 气动工具对于气源有哪些要求？

参考文献

[1] 顾光华．汽车从业人员安全知识培训教材［M］．北京：人民交通出版社，2002.

[2] 王凯明．汽车维修常用工量具使用［M］．北京：人民交通出版社，2010.

[3] 岳杰．汽车电器常用维修项目实训教材［M］．北京：人民交通出版社，2008.